YU-GI-OH

Yu-Gi-Oh!

4

高橋和希

Kazuki TAKAHASHI

kana

(MAIN CAST)
Et voici notre héros ! Yûgi se faisait taquiner par ses camarades, jusqu'au jour où il a résolu l'énigme du puzzle millénaire… Ce puzzle trouvé dans un tombeau égyptien lui donne des pouvoirs qu'il va utiliser pour devenir le garant de la paix !
MUTÔ YÛGI

JÔNO-UCHI
Un brun un peu voyou, grand défenseur de l'amitié virile. Ce garçon a un cœur généreux et un tempérament chaud !
MAZAKI ANZU
Une copine d'enfance de Yûgi. Un peu garçon manqué, mais quand même très mignonne.
MUTÔ SUGOROKU
Le grand-père de Yûgi. Il tient la boutique de jouets "Turtle game". C'est un très grand connaisseur en jeux.
HIROTO HONDA
Le grand ami de Jônô-uchi
Depuis sa défaite contre Yûgi, il nourrit une grande rancune.
KEIBA SETO

YU-GI-OH !

Yu-Gi-Oh!

Volume 4

Sommaire

YÛGI, SI ON ALLAIT À LA SALLE DE JEUX ?
OH OUI ! ON Y VA !!
Battle 25
LA TERREUR DU "ONE INCH"

OUAIS !! AUJOURD'HUI, ON VA LUI ÉCLATER SON MAUDIT SCORE !!
JÔNO-UCHI... IL EST VRAIMENT SI FORT QUE ÇA ?
ON PEUT LE DIRE...
IL EST PRESQUE DEVENU UNE LÉGENDE !
REGARDE, PAR EXEMPLE, CE JEU DE COURSE !
RACER
TIENS ! LE MEILLEUR SCORE EN HAUT ! C'EST ENCORE LUI !
1ST KAI
2ND RYU
3RD THX
4TH DAK
TU LE VOIS ?
C'EST CELUI-LÀ, "KAI" !!
KAI RYU
"KAI" ...?!

IL N'Y A PAS QUE CE JEU...
LES JEUX DE BASTON, LES JEUX DE PUZZLE...
IL A LE MEILLEUR SCORE SUR LA PLUPART DES JEUX DE CETTE SALLE !
EN PLUS CETTE SALLE EST RELIÉE EN RÉSEAU !
ÇA VEUT DIRE QUE CE KAI FIGURE DANS TOUTES LES SALLES CONNECTÉES DANS LE PAYS !
QUEL GENRE DE GARÇON PEUT-IL ÊTRE ?
JE NE L'AI JAMAIS VU...
WAOUH !
JE PENSAIS PAS QU'ON PUISSE ÊTRE AUSSI FORT !
YUGI ! EN FAIT...
... SI ON BAT CET ENFOIRÉ, ON EST LES MEILLEURS AU JAPON !
MAIS OUI !!
OUAIS, ON VA ÉCLATER LE SCORE DE CE KAI !!
OUIIII !!
PFFH, HÉ HÉ
ILS RÊVENT... C'EST IMPOSSIBLE.
UHMM ?
VOUS ÊTES BIEN INCAPABLES DE BATTRE LES SCORES DE MAÎTRE KAIBA !
KOAAA ? BANDE DE MORVEUX !!

ATTENDEZ ! VOUS AVEZ BIEN DIT "KAIBA" ?
OUI, LE MAÎTRE KAIBA !
IL EST NOTRE HÉROS !
OUI, CE SONT DES FRÈRES. MAIS L'AÎNÉ EST UN GÉNIE DU JEU !
C'EST KAIBA !!
KAI
IL NE JOUE PAS SEULEMENT À "MAGIC AND WIZARDS"...
APPAREMMENT, C'EST UN MAÎTRE DANS D'AUTRES JEUX...!
MAIS IL PARAÎT QU'IL NE JOUE PLUS À CES JEUX... IL S'EN EST LASSÉ...
C'EST VRAI QU'IL NE CRAINT PLUS PERSONNE !
CE NE SONT QUE DES RUMEURS...
IL PARAÎT QUE SON PROJET SECRET AVANCE...
IL PARAÎT QU'IL DÉVELOPPE UN JEU ULTIME...
UN JEU ULTIME ?!
BON, SALUT !
BONNE CHANCE POUR LES SCORES ! VOUS EN AVEZ POUR L'ÉTERNITÉ !
HA HA HA !!!
GRRRR...

YÛGI !! IL FAUT QU'ON S'Y METTE !!!
OK !
MERDE ! J'SUIS VRAIMENT NUL OU KOAA ?!
SCRAASH
MOI, JE M'OCCUPE DU JEU DE BASTON !
PLIOMP
MON PERSO, C'EST BRUCE LYÛ !
UN EXPERT EN KUNG-FU !
READY !!
IL RESSEMBLE À MORT À BRUCE LEE !
JE SUIS UN GRAND FAN DE BRUCE LEE !
BRUCE LEE QUE L'ON NE PRÉSENTE PLUS... UN ACTEUR MYTHIQUE DU FILM D'ACTION.
LES FILMS CULTES : "OPÉRATION DRAGON", "LA FUREUR DU DRAGON", "LE JEU DE LA MORT" ET "BIG BOSS".

SBAM
K.O.
OUAIS, PAS MAL !
SUR L'ENCHAÎNEMENT DES "COMBOS", JE SUIS IMBATTABLE !
PIOMP
NEW CHALLENGE
REGARDE ! UN NOUVEAU CHALLENGER !
CE QUI EST CHOUETTE SUR CES MACHINES, C'EST QU'ON PEUT FAIRE DES PARTIES CONTRE DES INCONNUS !
YUGI, TU DOIS GAGNER !!
EH !
READY
LUI AUSSI, IL UTILISE BRUCE LYU !!
JE DOIS GAGNER !!!
READY ?!!
BOM
WOUAPS !
PAN
TIENS !
KTCHAK
ALLEZ YUGI, ATTAQUE !
KTCHAK
KTCHAK
YAAAAH !!!
K.O.
AU CORPS À CORPS, J'AI RÉUSSI À PLACER UN ONE INCH PUNCH ! J'AI GAGNÉ !
NOUVEAU CHALLENGER !!
NEW CHALLEN
IL VIENT DE REMETTRE UNE PIÈCE POUR ME RELANCER UN DÉFI !
GAGNÉ !
ENCORE GAGNÉ !

IL REVIENT ENCORE ME DÉFIER !!
C'EST TOUJOURS LE MÊME MEC ?!
ÇA FAIT AU MOINS 3000 YENS QU'IL MET DANS LA MACHINE !
IL EST NUL, ET EN PLUS IL INSISTE !
YÛGI, TU VEUX BOIRE QUELQUE CHOSE ?
JE VAIS ALLER AU DISTRIBUTEUR !
OH OUI, JE VEUX BIEN UN COCA !
KTCHAK
KTCHAK
OK !
J'AI ENCORE GAGNÉ !
ÇA Y EST, ON DIRAIT QU'IL A ABANDONNÉ...
HÉ HÉ... JE CROIS QU'IL A CAPITULÉ...
GRRRR
NEW CHALLENGER
BRÛLE
BRÛLE
ZUM
BRÛLE
ZUM
BRÛLE

DOM
HE, MORVEUX !!!
JE TE PARLE !!
HEIN ...?!
ZBOOM
TCHAAAAA!
CE MORVEUX NE VA PAS ME FRIMER LA FACE PARCE QU'IL VIENT DE GAGNER DES PARTIES !

RA TATA TATATA TA
BOM
BOM
BiM
BiM
HA HA HA ! ALORS ?! ON LA RAMÈNE PLUS ?!
ESSAIE ENCORE DE RiGOLER Si TU EN AS LE COURAGE !
YOOO !
..!!
BOM
AT-CHOOO !!!
...
BAM
BiM
URH ...
ZBAAAM
EH ! iL EST MARRANT CE PENDENTIF ...!
...
J'Ai PRIS L'HABiTUDE DE RAMENER UN TROPHÉE APRÈS UNE ViCTOIRE DANS UN STREET FiGHT ! VOiLÀ MON CADEAU DU JOUR !
HE HE ...

UNE BONNE JOURNÉE POUR MOI !
TCHAC
LES JEUX DE COMBAT, Y A QUE ÇA QUI PUISSE ME DÉTENDRE ! HA HA !
EH ?!
ÇA VA ALLER ?!
MMH...
!!
MON PUZZLE ...
MON PUZZLE !!!
AÏE, C'EST CHAUD...
IL EST BRÛLANT CE CAFÉ...
MAIS ...?!

KLANKS
YUGI ! MERDE, ÇA VA ?!!
UHM... URH...
OUI, ÇA VA...
YUGI !!!
GROOO
GRR...
HE HE... IL EST PAS MAL CE PENDENTIF !!!
TOI LÀ ! AT-TENDS !!!
HEIN ?

ゴゴオオオ
GROOOOO
JE CROIS QUE TU T'ES OCCUPÉ DE MON AMI...?
TU VAS LE PAYER DE TA VIE !!
HE HE...
TU AS DU CRAN ! TU VEUX ME DÉFIER SUR UN "STREET FIGHT" ?
JE T'ÉCLATE D'ABORD ET APRÈS JE RÉCUPÈRE LE PENDENTIF !!!
J'SUIS INVAINCU AU COMBAT DE RUE...
J'AI FAIT DU KARATÉ ET DE LA BOXE...
C'EST TOI QUI VAS MOURIR !!!

QUAND T'EN AURAS FINI AVEC TA TCHATCHE, JE TE PRENDS QUAND TU VEUX !
ALLEZ, PAS DE PANIQUE... HÉ HÉ...
ÇA N'A PAS L'AIR, MAIS JE SUIS UN GRAND FAN DE BRUCE LEE...
BRUCE LEE N'ÉTAIT PAS QU'UNE SIMPLE VEDETTE DE CINÉMA, C'ÉTAIT UN COMBATTANT !
LE "ONE INCH PUNCH" ! BRUCE LEE L'A MONTRÉ ET S'EST FAIT CONNAÎTRE LORS DU FAMEUX TOURNOI DE LONG BEACH !
IL ÉTAIT À PEINE À UN POUCE (3 CM) DE SON ADVERSAIRE ET IL L'A FAIT VOLER GRÂCE À CE PUNCH MAGIQUE !
TU COMPRENDS ?
MÊME PAS 3 CM !
D'AILLEURS, JE VAIS TE FAIRE UNE PETITE DÉMONSTRATION !
ON VA SE FAIRE UN JEU-COMBAT À MA MANIÈRE !!!
SI TU GAGNES, JE TE RENDS LE PENDENTIF !

UN JEU ?!!
QUOI ?!
SI TU REFUSES, J'ÉCRASE CE PENDENTIF !
JE VAIS T'EXPLIQUER LA RÈGLE !
ON VA TENIR CHACUN DANS NOTRE BOUCHE UN COUTEAU ET ON VA SE BATTRE COMME ÇA !!
GRR ...!
REGARDE... COMME ÇA...
TU VOIS, ON EST À ÉGALITÉ !
IL RÊVE... MON COUTEAU A UNE LAME TRUQUÉE RÉTRACTABLE !
OK ! J'ACCEPTE !!!
MAIS...
... JE VEUX ÊTRE LE SEUL À TENIR LA LAME DANS LA BOUCHE !
ÇA M'ÉVITERA D'AVOIR DES SCRUPULES À T'ÉCLATER LA TRONCHE...

VLAM
SI J'ATTEINS TA FACE, LA LAME SE PLANTERA D'UN POUCE DANS TA GORGE !
HA HA ! TU RISQUES DE LE REGRET-TER !
C'EST LE VRAI "JEU DE LA MORT" !!!
DASH
H...!
T'ES PRÊT ?!
BSSHU
ATCHOOO !
URPS...
SHU
SHU
ENTRE LA VIE ET LA MORT, JE N'AI QU'UN POUCE DE MARGE... C'EST SERRÉ...!!

ATCHOOO
SHUU
SHU
SHUU
ATCHOOO
BIUF
URP !
EN PLUS LA RUE EST ÉTROITE... ÇA NE LAISSE PAS BEAUCOUP DE POSSIBILITÉS D'ESQUIVE...
CE JEU EST VRAIMENT À SON AVANTAGE...!
MERDE...
BSHUU
ALORS ...?
TES COUPS SONT TROP PRÉVISIBLES !
GRR... MERDE...
TU TE PERMETS DE GARDER LES MAINS DANS LES POCHES ! TU ME PROVOQUES !
HAH
HAH
DANS MES MAINS, JE TIENS DES PROMESSES TRÈS IMPORTANTES QUE J'AI FAITES À UN AMI...
TU VERRAS BIEN À LA FIN DE LA PARTIE ! JE NE VAIS PAS TE FAIRE CE PLAISIR, TU N'EN VAUX PAS LA PEINE !
KRU KRU...
L'ABRUTI...

C'EST PAS BIEN DE BAISSER SA GARDE !
GURPS...
C'EST FINI !!
ZBOM
TANT PIS ! JE VAIS LUI MONTRER MA PROMESSE !
URP...
CREEEEEVE!!!
ZWAAAA

PSHUUUU
UR... UWAAA...
KOAAA ?
HE HE...
C'EST LA PROMESSE QUE J'AVAIS FAITE À MON POTE...
LUI APPORTER UN COCA !
AÏE... MES YEUX...
ET EN PLUS... J'AVAIS FAIT UNE AUTRE PROMESSE...
Hiii...

C'ÉTAIT DE T'ÉCLATER LA FACE !!
PFFEP
T'ES TROP JEUNE POUR TE MESURER À MOI !
ZBAAAAAM
IL A LA MÂCHOIRE EN VRAC... C'EST PAS MON PROBLÈME...
YUGI !
J'AI RÉCUPÉRÉ LE PUZZLE !
IL FAUT QUE JE RACHÈTE UN COCA...
TROUVER UN DISTRIB' !

Battle 26 LA FATALE ROULETTE RUSSE

Battle 26
LA FATALE ROULETTE RUSSE

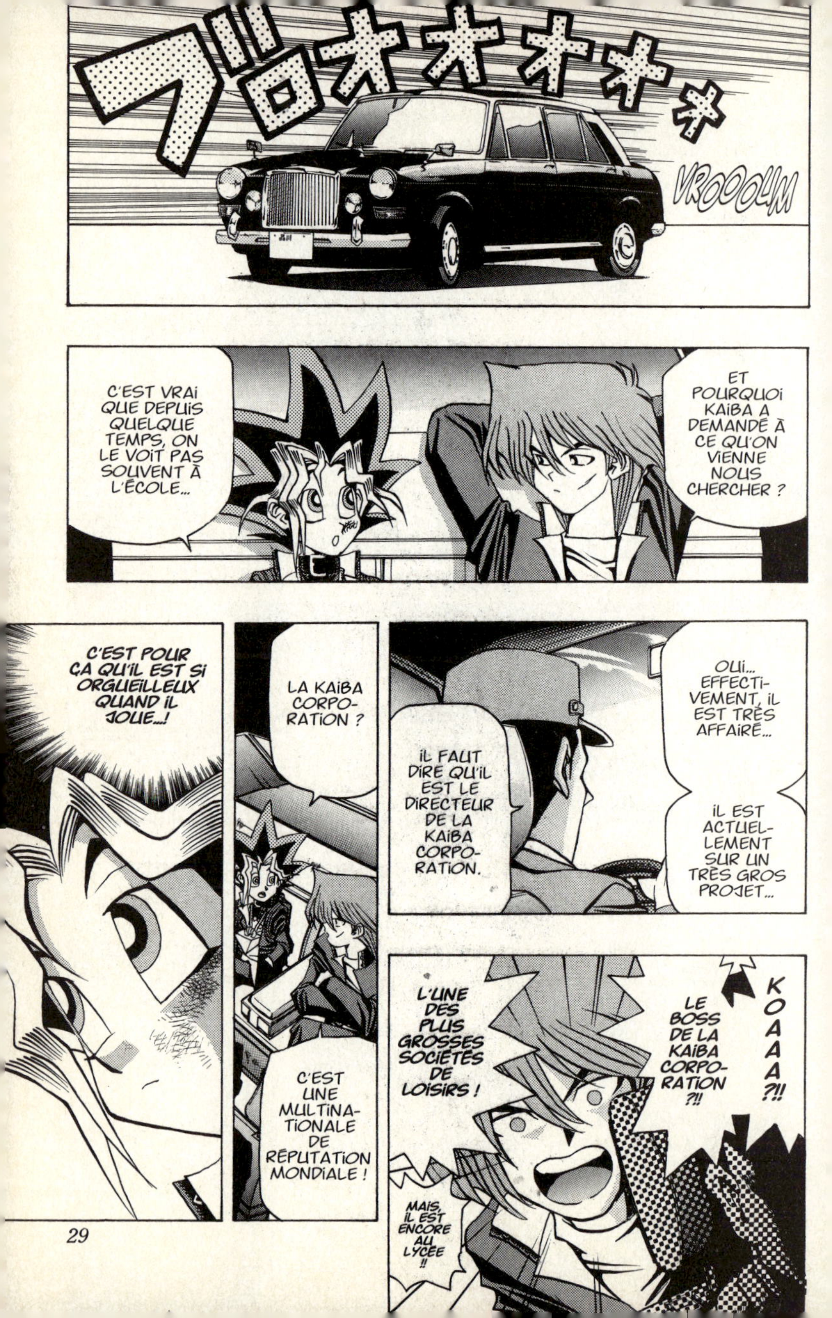

VROOOUM
ET POURQUOI KAIBA A DEMANDÉ À CE QU'ON VIENNE NOUS CHERCHER ?
C'EST VRAI QUE DEPUIS QUELQUE TEMPS, ON LE VOIT PAS SOUVENT À L'ÉCOLE...
OUI... EFFECTIVEMENT, IL EST TRÈS AFFAIRÉ...
IL EST ACTUELLEMENT SUR UN TRÈS GROS PROJET...
LA KAIBA CORPORATION ?
IL FAUT DIRE QU'IL EST LE DIRECTEUR DE LA KAIBA CORPORATION.
KOAAAA ?!!
LE BOSS DE LA KAIBA CORPORATION ?!!
L'UNE DES PLUS GROSSES SOCIÉTÉS DE LOISIRS !
MAIS, IL EST ENCORE AU LYCÉE !!
C'EST UNE MULTINATIONALE DE RÉPUTATION MONDIALE !
C'EST POUR ÇA QU'IL EST SI ORGUEILLEUX QUAND IL JOUE...!

HE HE... ET MOI, JE SUIS LE VICE-PRÉSIDENT !
VLAN
YÛGI, ÇA ROULE ?!
ON S'EST BIEN AMUSÉS L'AUTRE JOUR...
KRU KRU...
TU ES LE FRÈRE DE KAIBA...
IL EST À L'ÉCOLE PRIMAIRE ET IL EST VICE-PRÉSIDENT ?
KE KE... JE M'APPELLE MOKUBA...
JE SUIS KAIBA MOKUBA !
...
YÛGI, NE SOIS PAS CRISPÉ COMME ÇA...!
AUJOUR-D'HUI, VOUS ÊTES MES PRÉCIEUX INVITÉS !
EN FAIT, LE PROJET DE MON FRÈRE EST SUR LE POINT D'ABOUTIR.
DEMAIN, CE SERA L'INAUGU-RATION !
J'AI UNE MAUVAISE IMPRESSION... IL ME SEMBLE QUE CES DEUX FRÈRES NE M'APPRÉCIENT PAS BEAUCOUP...

L'INAUGURATION ?
HE HE... OUI !
MON FRÈRE VOULAIT PARTAGER CETTE JOIE AVEC SES AMIS. C'EST POUR ÇA QU'IL VOUS VEUT AUPRÈS DE LUI, LA VEILLE DU LANCEMENT !
ET C'EST QUOI AU JUSTE... CE PROJET ?
ÇA, C'EST ENCORE SECRET...
ON VOUS LAISSE LA SURPRISE !
KRUPS KRUPS...
YÛGI...
CE PROJET, C'EST CELUI DE LA VENGEANCE !
LE PROJET "DEATH-T" !!
BIENVENUE AU PALAIS KAIBA !
DONG
ENORME!!!

DINGUE !
NE SOYEZ PAS TIMIDES, ENTREZ !
ON DIRAIT UN CHÂTEAU EUROPÉEN !
BIENVENUE ! ON N'ATTENDAIT PLUS QUE VOUS !
HE HE... VOILÀ MES SERVITEURS !
!!
VOUS ÊTES LES CAMARADES DE CLASSE DE NOTRE MAÎTRE.
NOUS NOUS OCCUPERONS DE VOUS AVEC TOUTE L'ATTENTION QUE VOUS MÉRITEZ.
EH ! IL EST OÙ MON FRÈRE ?
OUI... IL SE REPOSE DANS SA CHAMBRE...
QUOI, IL SE REPOSE ?
ON A FAIT VENIR SES AMIS EXPRÈS...
IL A BEAUCOUP TRAVAILLÉ CES DERNIERS TEMPS, IL A BESOIN D'UN PEU DE REPOS...
JE CROIS QU'IL VAUDRAIT MIEUX LE LAISSER SE REPOSER.

ÇA C'EST UNE IDÉE COOL !
JE CRÈVE LA DALLE DEPUIS TOUT À L'HEURE !
YÛGI, JE SUIS DÉSOLÉ...
JE CROIS QUE MON FRÈRE NE PEUT PAS ENCORE VOUS RECEVOIR MAINTENANT !
IL EXAGÈRE, IL VA FALLOIR QUE JE M'OCCUPE DE VOUS TOUTE LA SOIRÉE !
MAÎTRE...
JE VOUS SUGGÈRE DE PASSER À TABLE...
AH BON ! MAIS, IL FALLAIT LE DIRE PLUS TÔT !
EN VOTRE HONNEUR, JE VAIS FAIRE SERVIR LES MEILLEURS PLATS DU MONDE !
LES MEILLEURS PLATS DU MONDE !
UN REPAS DIGNE D'UN GRAND CHÂTEAU ?!!
PRÉPAREZ LE FAMEUX MENU !
TOUT DE SUITE !
NOUS NOUS EN OCCUPONS TOUT DE SUITE.
GROOO
KRU KRU...
LA SURPRISE VA ÊTRE DE TAILLE...
ÇA VA ÊTRE GÉNIAL !

J'AI DÉJÀ PERDU CONTRE LUI, JE LUI DOIS UNE HUMILIATION ...
CE SOIR, JE VAIS PRENDRE MA REVANCHE !
GROOO
ET VOILÀ !!!
DONG
UHM ...?
!!
ERPS ! JE M'ATTENDAIS À UN TRUC HAUT DE GAMME... UN HAMBURGER ET DES CHOCOS MACHIN...
C'EST VRAIMENT UN GOSSE !!

ALORS ? ÇA A L'AIR SUCCULENT, NON ?
NE VOUS GÊNEZ PAS ! COMMENCEZ !
ET PUIS NON ! ÇA SERAIT TROP FACILE !
VOUS VOULEZ PAS FAIRE UN PETIT JEU ?
UN JEU ?!
REGARDEZ CETTE TABLE TOURNANTE.
C'EST LA MÊME QU'ON PEUT VOIR DANS DES RESTAURANTS CHINOIS !
GLUN
GLUN
LE JEU CONSISTE À FAIRE TOURNER LA TABLE CHACUN À SON TOUR !
ON DOIT MANGER LE PLAT QUI S'ARRÊTE DEVANT SOI !
J'ESPÈRE QUE LES PLATS NE SONT PAS EMPOISONNÉS ?!
MAIS ENFIN ! VOUS ÊTES MES INVITÉS !
EN FAIT, DANS L'UN DES PLATS, ON A CACHÉ UNE CHOSE TRÈS PRÉCIEUSE !
CELUI QUI LA TROUVE EST LE GAGNANT !

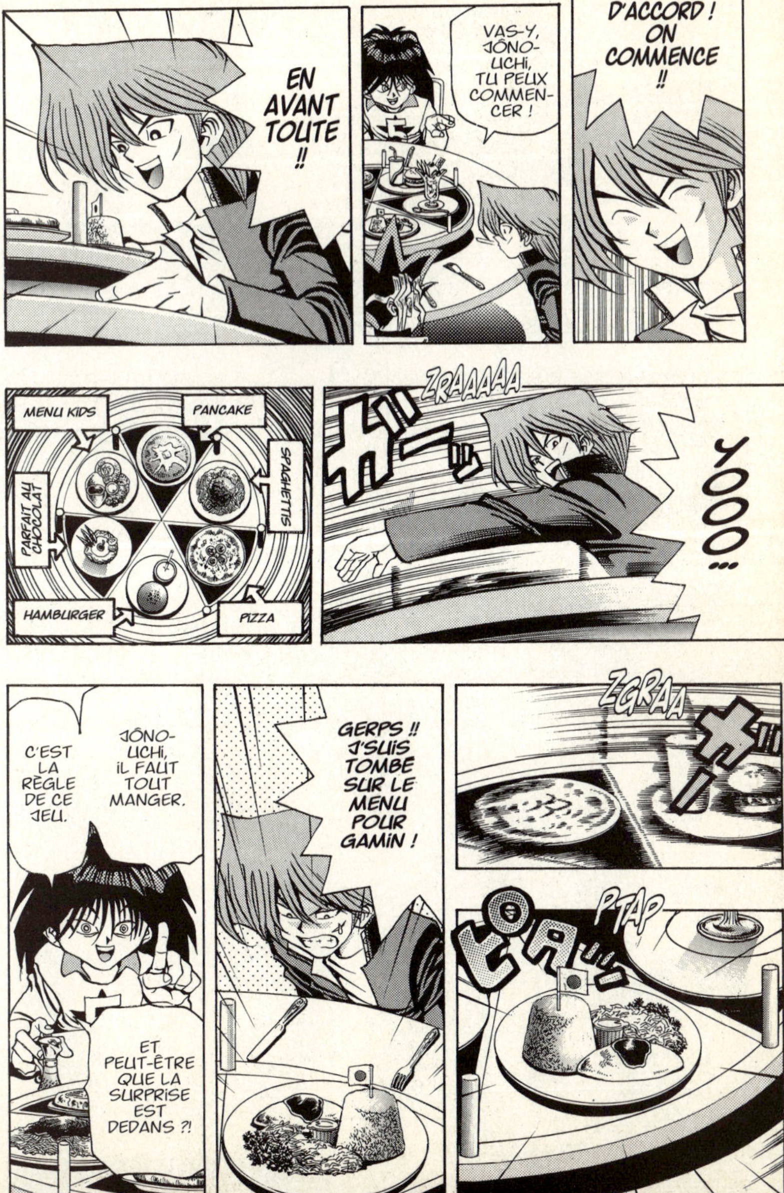
D'ACCORD ! ON COMMENCE !!
VAS-Y, JÔNO-UCHI, TU PEUX COMMEN-CER !
EN AVANT TOUTE !!
ZRAAAAA
YOOO...
SPAGHETTIS
PANCAKE
MENU KIDS
PARFAIT AU CHOCOLAT
HAMBURGER
PIZZA
ZGRAA
GERPS !! J'SUIS TOMBE SUR LE MENU POUR GAMIN !
JÔNO-UCHI, IL FAUT TOUT MANGER.
C'EST LA RÈGLE DE CE JEU.
PTAP
ET PEUT-ÊTRE QUE LA SURPRISE EST DEDANS ?!

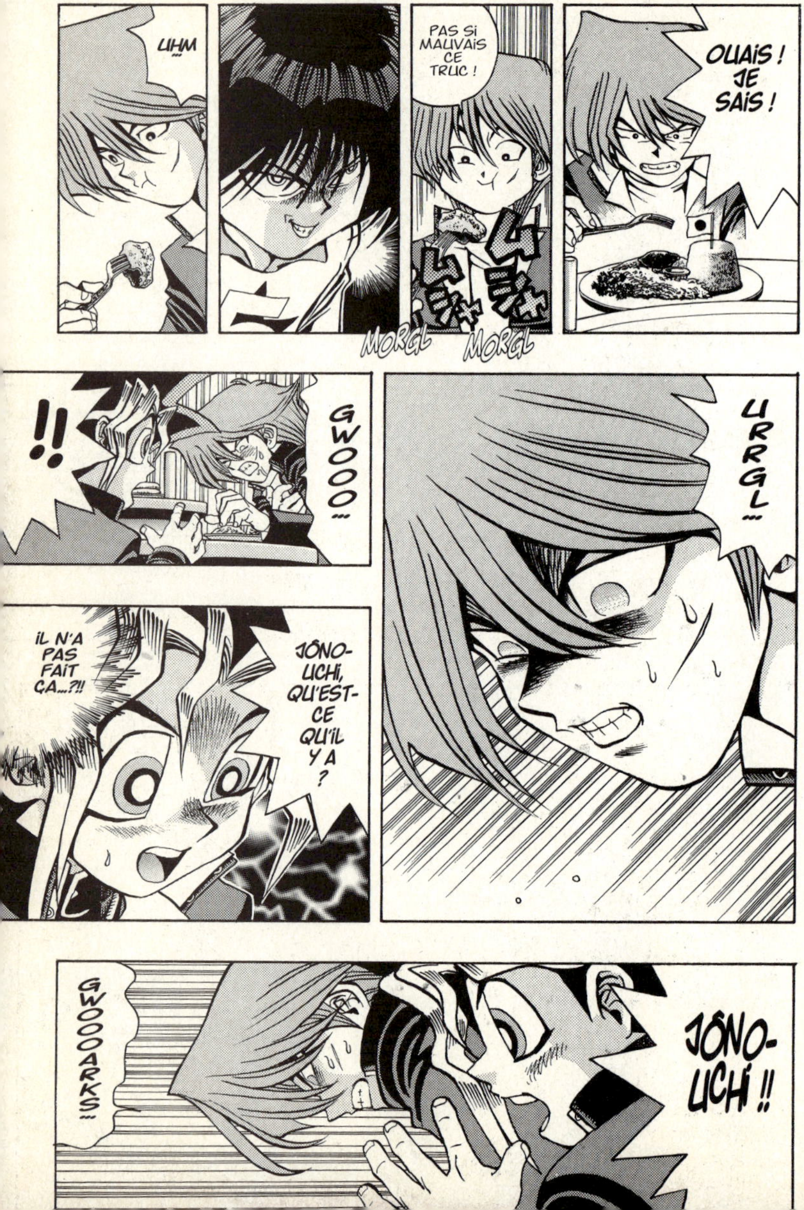
OUAIS ! JE SAIS !
PAS SI MAUVAIS CE TRUC !
MORGL
MORGL
UHM...
URRGL...
GWOOO...
!!
JÔNO-UCHI, QU'EST-CE QU'IL Y A ?
IL N'A PAS FAIT ÇA...?!!
JÔNO-UCHI !!
GWOOOARKS...

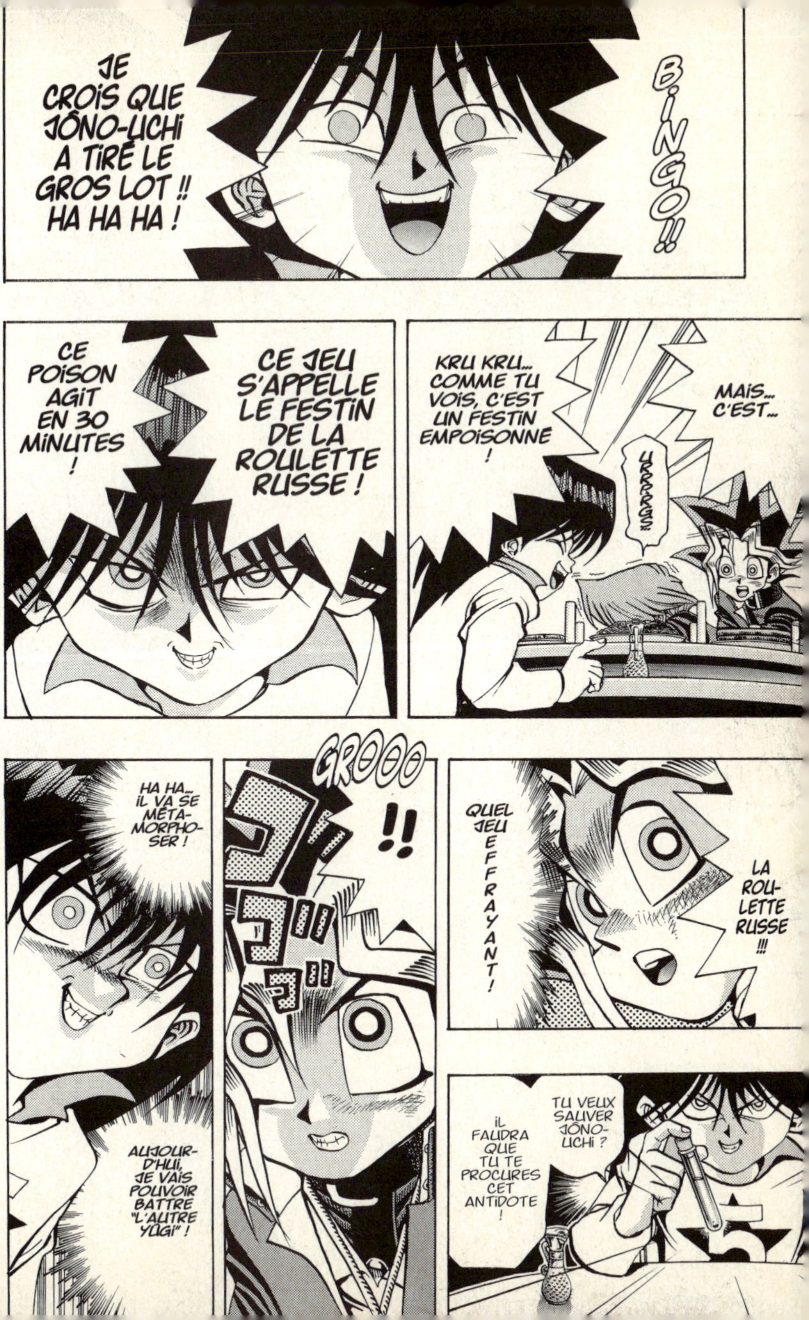
JE CROIS QUE JÔNO-UCHI A TIRÉ LE GROS LOT !! HA HA HA !
BINGO !!
CE JEU S'APPELLE LE FESTIN DE LA ROULETTE RUSSE !
CE POISON AGIT EN 30 MINUTES !
MAIS... C'EST...
URRRRG ?!
KRU KRU... COMME TU VOIS, C'EST UN FESTIN EMPOISONNÉ !
GROOO
!!
HA HA... IL VA SE MÉTAMORPHOSER !
AUJOURD'HUI, JE VAIS POUVOIR BATTRE "L'AUTRE YUGI" !
LA ROULETTE RUSSE !!!
QUEL JEU EFFRAYANT !
TU VEUX SAUVER JÔNO-UCHI ?
IL FAUDRA QUE TU TE PROCURES CET ANTIDOTE !

VLA
MOKUBAAA ! TU VAS ME LE PAYER !!
HE HE...
IL RESTE CINQ PLATS...
ET L'UN D'EUX EST ENCORE PIÉGÉ.
YUGI !
C'EST À TOI DE FAIRE TOURNER LA TABLE !
ZRAAA
PTAP
DES SPA-GHET-TIS...
ALLEZ, VAS-Y !
BOUFFE !
ZLOUM
MORGL

OUF !!!
ON DIRAIT QUE LES SPAGHETTIS N'ÉTAIENT PAS PIÉGÉS !
ALORS ? IL EST BON CE PLAT, NON ?
DANS LE GENRE "LE FESTIN FATAL"...! HA HA !
C'EST COOL DE SE DIRE APRÈS AVOIR MANGÉ, QU'ON EST ENCORE EN VIE !
UN FESTIN QUI FAIT APPRÉCIER D'ÊTRE ENCORE EN VIE ! LE MEILLEUR PLAT DU MONDE !!
GRR...
IL FAUT QUE JE TIRE JÔNO-UCHI DE CE MAUVAIS PAS...
À MOI MAIN-TE-NANT !
ZGRAAAA
YOUPIII...
LE PARFAIT AU CHOCO-LAT ! MON DESSERT PRÉFÉRÉ !
PTAP
DÉLICIEUX !
SUPER
BON !
MIAM
MIAM
CROC SCROC
C'EST LOUCHE... POUR UN JEU AUSSI DANGEREUX, IL N'A PAS L'AIR TENDU...
L'ENFOIRÉ... IL DOIT CERTAINEMENT UTILISER UN TRUC.

IL ME SEMBLE QU'IL A TOUCHÉ LE FLACON AVANT DE FAIRE TOURNER LA TABLE...
DIS-MOI, MOKUBA, QU'EST-CE QU'IL Y A DANS CE FLACON ?
GLOUPS
HEIN ...
AH, EUH...
IL N'Y A QUE DU SIROP !!
C'EST POUR LE PAN-CAKE !
POURTANT, IL A L'AIR VIDE...
HA !
CE FLACON SE REMPLIRA, QUAND TU SERAS TOMBÉ SUR LE POISON !
IL SE REMPLIRA DE TES LARMES QUAND TU VAS CHIALER !
YUGI, C'EST À TOI DE FAIRE TOURNER !
C'ÉTAIT LIMITE... J'AI CRU QU'IL ALLAIT ME GRILLER QUAND IL A PARLÉ DU FLACON...
EN VÉRITÉ, LE BOUCHON DE CE FLACON PERMET DE COMMANDER LA TABLE...
AU PROCHAIN COUP, LE JEU SERA TERMINÉ !
JE VAIS LUI FAIRE BOUFFER DU POISON !

C'EST LE HAMBURGER QUI EST PIÉGÉ !
J'AI TRUQUÉ LA TABLE POUR QUE CE SOIT LUI QUI TOMBE DESSUS !
MOKUBA, JE PROPOSE QU'ON EN FINISSE RAPIDEMENT !!
AU PROCHAIN LANCER, ON VA MANGER EN MÊME TEMPS LE PLAT QUI VA SE PRÉSENTER À NOUS !
OK, ÇA MARCHE !!!
INUTILE DE LANCER LA TABLE COMME UN DINGUE, C'EST TOI QUI VAS TOMBER SUR LE POISON !
GSHAAAAN
T'ES PRÊT ?
ZRAAAA
GRÂCE À MON TRUC...
!

HEIN ...?!
LE DÉCLEN-CHEUR EST DÉTRUIT !
MAIS, POUR-QUOI ?
LE DESTIN VA S'EN CHARGER !
COM-ME ÇA, PAS DE CON-TES-TA-TION...
KLUP
KLUP
PTAP
LE HAMBURGER PIÉGÉ DEVANT MOI !!
SAPRISTI !!
QU'EST-CE QUI S'EST PASSÉ ?!!

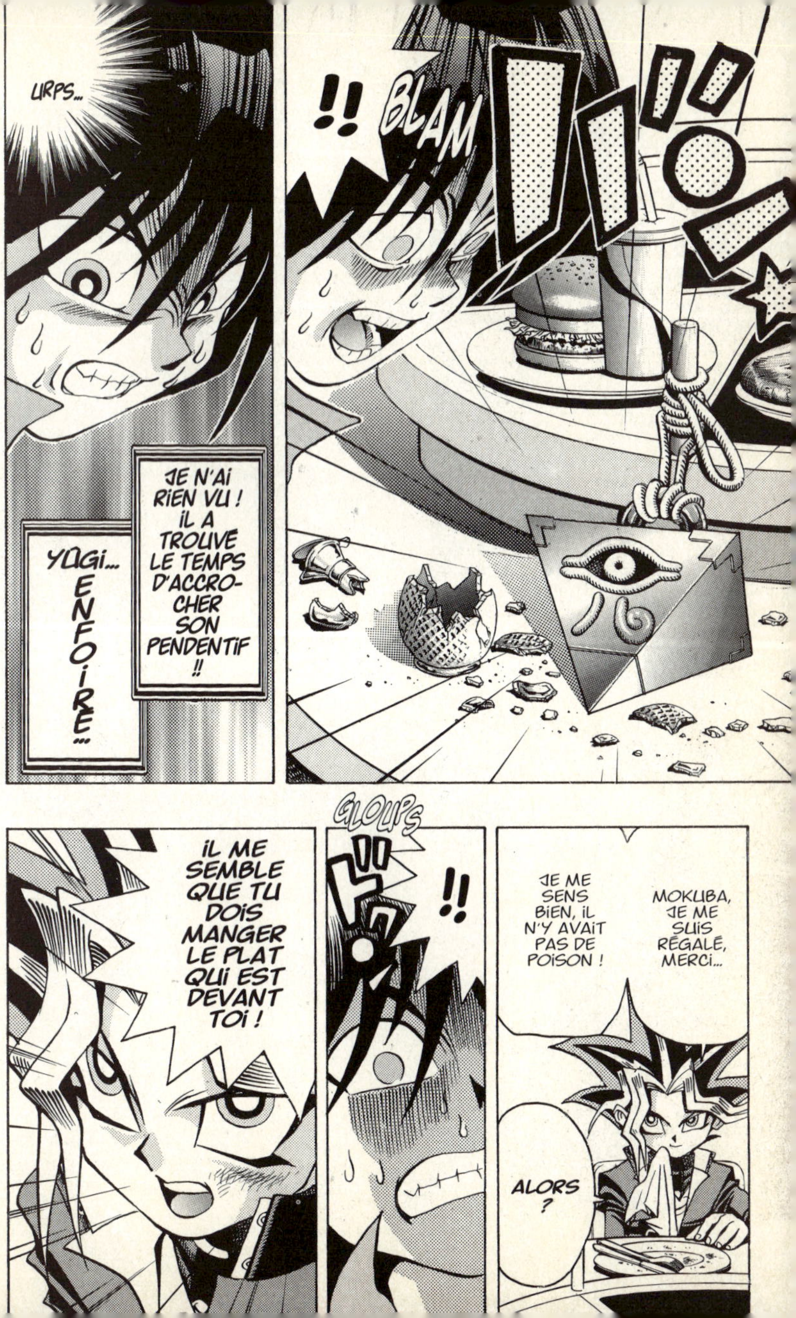

!! BLAM
URPS...
JE N'AI RIEN VU ! IL A TROUVÉ LE TEMPS D'ACCROCHER SON PENDENTIF !!
YÛGI... ENFOIRÉ...
MOKUBA, JE ME SUIS RÉGALÉ, MERCI...
JE ME SENS BIEN, IL N'Y AVAIT PAS DE POISON !
ALORS ?
GLOUPS
!!
IL ME SEMBLE QUE TU DOIS MANGER LE PLAT QUI EST DEVANT TOI !

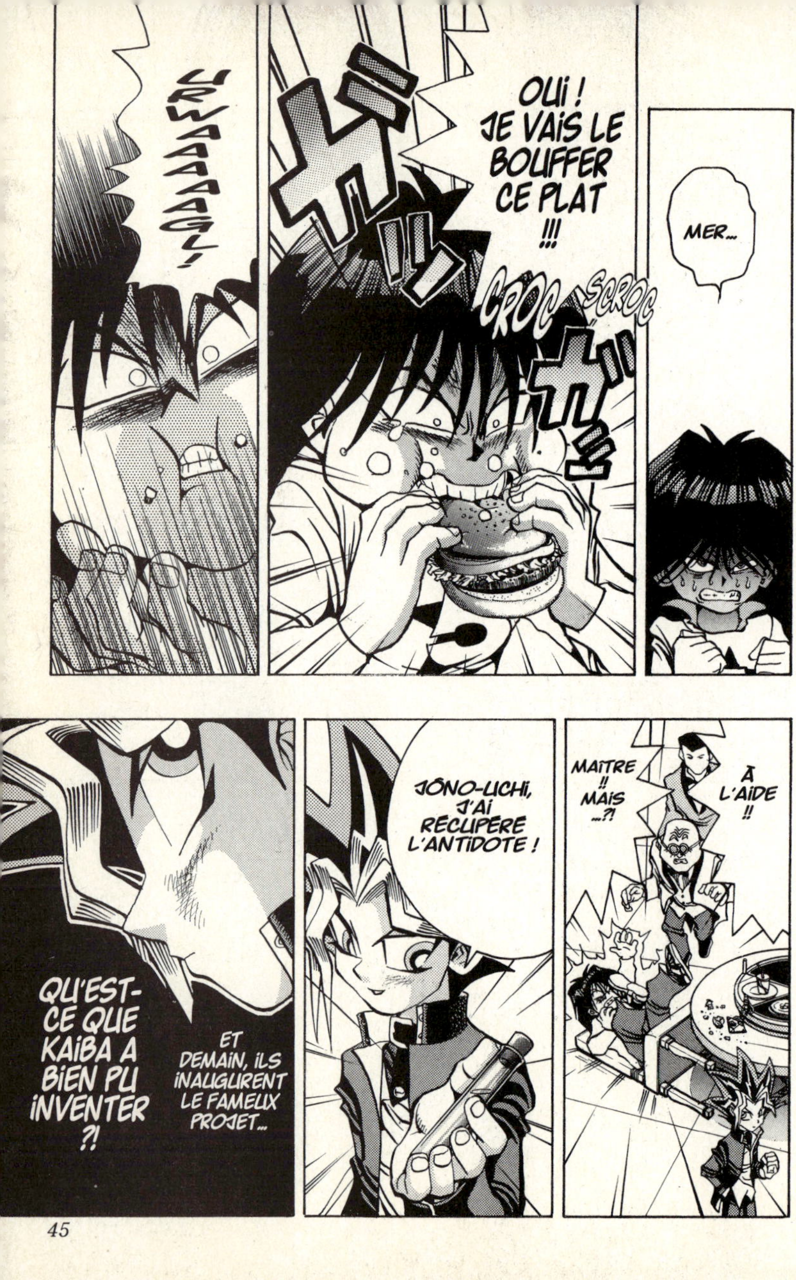
MER...
OUI !
JE VAIS LE
BOUFFER
CE PLAT
!!!
CROC
SCROC
URWAAAAAAGL !
À
L'AIDE
!!
MAITRE
!!
MAIS
...?!
JÔNO-UCHI,
J'AI
RECUPERE
L'ANTIDOTE !
ET
DEMAIN, ILS
INAUGURENT
LE FAMEUX
PROJET...
QU'EST-
CE QUE
KAIBA A
BIEN PU
INVENTER
?!

DOM
MOi, PERDRE À "MAGiC AND WiZARDS" ?!
Battle 27 PROJECT START !!
LE JEU DE LA SANCTiON!!!

UWAAAAAAA!!!
C'EST DONC ÇA L'EXPÉRIENCE DE LA MORT !!

Battle 27
PROJECT START !!

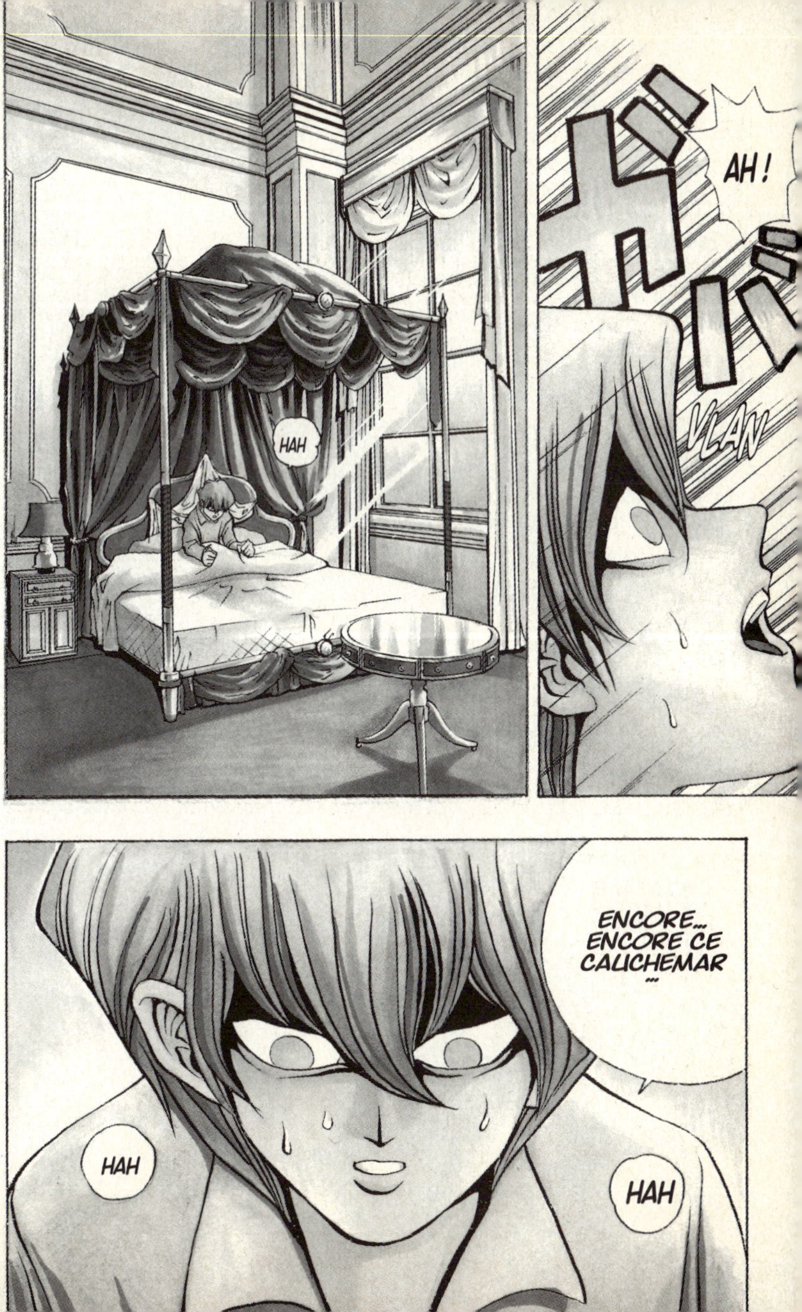
AH !
VLAN
HAH
ENCORE... ENCORE CE CAUCHEMAR ...
HAH
HAH

VOUS ÊTES RÉVEILLÉ ?
COMME CONVENU, YÛGI ET SON AMI ONT PASSÉ LA NUIT AU CHÂTEAU...
AH BON...
GLANK
J'AVAIS PRIS SOIN DE LES CONVO-QUER - LA VEILLE...
... ET JE ME SUIS ENDORMI...
IL ARRIVE DANS NOTRE EXISTENCE D'ATTENDRE AVEC IMPATIENCE LE LENDEMAIN...
JE N'AI PAS DE CHANCE, J'AI ENCORE FAIT CE MAUDIT RÊVE...
FUH FUH...
MAIS JE PENSE QUE C'EST LA DERNIÈRE FOIS QUE JE FAIS CE CAUCHEMAR...

YÛGI... LE PROJET "DEATH-T" VA ENFIN POUVOIR COMMENCER !!!
J'AI BIEN DORMI, C'EST LA FORME !!
JÔNO-UCHI, ÇA VA MIEUX ?
ÇA M'ENNUIE D'AVOIR PASSÉ UNE NUIT ICI.
J'ESPÈRE QUE GRAND-PÈRE NE S'EST PAS INQUIÉTÉ...
JE N'AI MÊME PAS PU LE PRÉVENIR.
YÛGI !
C'EST QUOI CETTE CÉRÉMONIE ? ET ON VA OÙ ?
ÇA M'INSPIRE PAS CONFIANCE !
J'SAIS PAS.
J'AI L'IMPRESSION QU'ON EST DUREMENT SURVEILLÉS...
JE CROIS QU'ON NE PEUT MÊME PAS SORTIR D'ICI.
MA CHAMBRE ÉTAIT FERMÉE DE L'EXTÉRIEUR...
DÉSOLÉ POUR L'ATTENTE.
VOICI MAÎTRE KAIBA.
!

VLAM
...!
SALUT YÛGI !
ÇA FAIT PLAISIR DE TE VOIR !
HI HI
KAIBA !
VOUS N'AVEZ PAS L'AIR CONTENTS DE ME REVOIR !
ALLEZ, UN SOURIRE !
FÊTONS NOS RETROU-VAILLES !!!

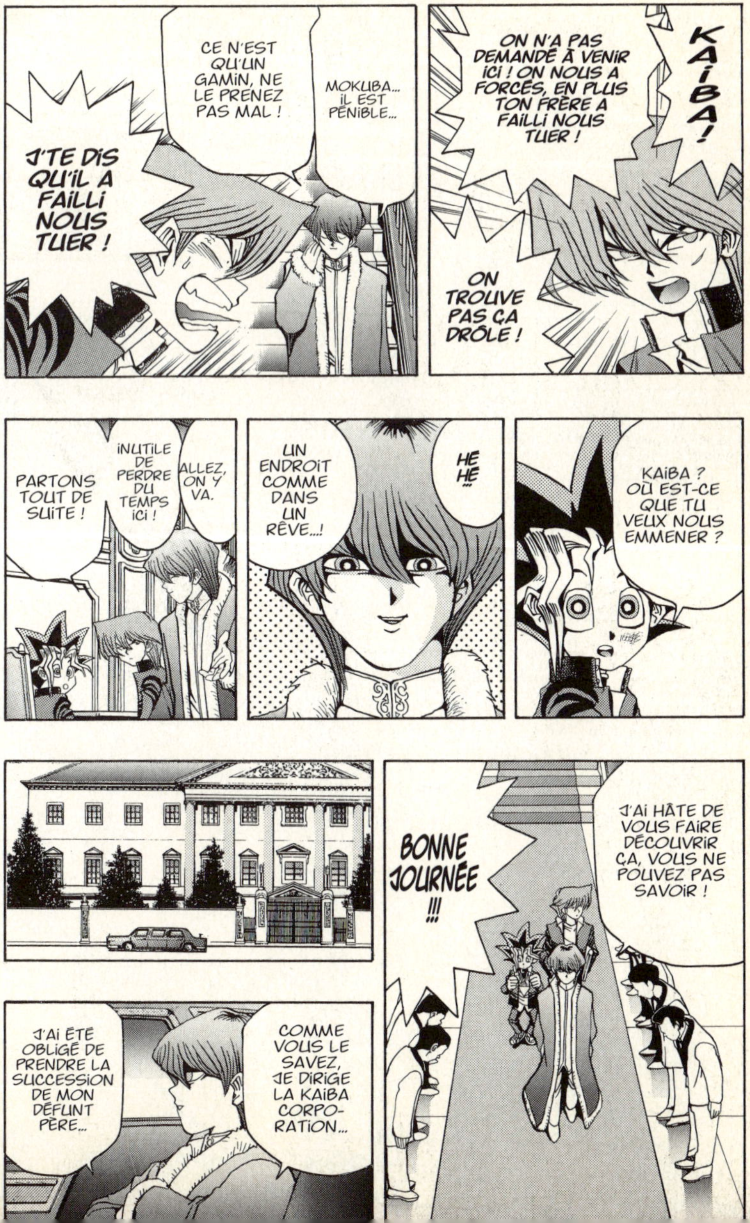
KAÏBA !
ON N'A PAS DEMANDÉ À VENIR ICI ! ON NOUS A FORCÉS, EN PLUS TON FRÈRE A FAILLI NOUS TUER !
ON TROUVE PAS ÇA DRÔLE !
MOKUBA... IL EST PÉNIBLE...
CE N'EST QU'UN GAMIN, NE LE PRENEZ PAS MAL !
J'TE DIS QU'IL A FAILLI NOUS TUER !
KAÏBA ? OÙ EST-CE QUE TU VEUX NOUS EMMENER ?
HE HE...
UN ENDROIT COMME DANS UN RÊVE...!
ALLEZ, ON Y VA.
INUTILE DE PERDRE DU TEMPS ICI !
PARTONS TOUT DE SUITE !
J'AI HÂTE DE VOUS FAIRE DÉCOUVRIR ÇA, VOUS NE POUVEZ PAS SAVOIR !
BONNE JOURNÉE !!!
COMME VOUS LE SAVEZ, JE DIRIGE LA KAÏBA CORPORATION...
J'AI ÉTÉ OBLIGÉ DE PRENDRE LA SUCCESSION DE MON DÉFUNT PÈRE...

LE PROJET DE MES RÊVES VIENT ENFIN D'ABOUTIR !
J'AIMERAIS VOUS EN FAIRE PROFITER !!
VOILÀ, ON COMMENCE À LA VOIR !
LA TOUR DE MES RÊVES DANS LA VILLE DE DOMINO !!
BOM
KAIBA LAND
PLAP
PLAP
!!
DÉMENT !! C'EST KAIBA QUI A FAIT BÂTIR CETTE TOUR GÉANTE ?!

ELLE S'APPELLE "KAIBA-LAND" !
UN PARC DE LOISIRS INDOOR !!!
KAIBA LAND
GTCHA
NOUS VOUS ATTEN-DIONS !
EH, C'EST MAÎTRE KAIBA !!!
LE GÉNIE DU JEU, NOTRE HÉROS !
BONJOUR À TOUS !
BIENVENUE À LA CÉRÉMONIE D'OUVERTURE DE "KAIBALAND" !
GÉANT !
IL A DU SUCCÈS AUPRÈS DES GAMINS !
...
"KAIBALAND" YÛGI ! OUVRE SES PORTES DANS TROIS JOURS...
POUR L'INAUGURATION, DES ENFANTS PEUVENT VENIR, SUR INVITATION, JOUER GRATUITEMENT TOUTE UNE JOURNÉE.
VOUS AUSSI, VOUS DEVRIEZ EN PROFITER !
...
IL N'EST PAS SI MÉCHANT QUE ÇA...
JE ME FAISAIS PEUT-ÊTRE DES IDÉES...

ALLEZ-Y TOUS !!!
C'EST OUVERT !!!
BIENVENUE À "KAIBA-LAND" !
ZDOOM
OUAIS !!!
LÀ-BAS, IL Y A LES JEUX VIDÉO !
ON PEUT FAIRE UN RIDE EN 3D !
TU VOIS, YŪGI ?
MON RÊVE SERAIT DE BÂTIR DES "KAIBALAND" DANS LE MONDE ENTIER POUR RENDRE LES ENFANTS HEUREUX !
AH OUI ?!
KAIBA, JE SUIS DÉSOLÉ... JE ME FAISAIS DES FAUSSES IDÉES SUR TOI...
NOUS AUSSI, ON VA S'AMUSER COMME DES FOUS !
YOUPI !!
SETO, ATTENDS !!!
...

C'EST TOi QUI AS TUÉ LE DIRECTEUR !
...!
TU T'ES EMPARÉ DE "KAIBALAND" ET POUR ÇA TU N'AS PAS HÉSITÉ À MAQUILLER LA MORT DE TON PÈRE EN SUICIDE...
TU ES LE DÉMON !!!
VIREZ-LE !
OUI.
LÂCHEZ-MOI, MERDE !
DÉMON !
C'ÉTAIT L'ANCIEN BRAS DROIT DE MON PÈRE. ON N'A PLUS BESOIN DE CE DÉTRITUS !
ON DIRAIT QUE DES SALES RUMEURS CIRCULENT SUR MOI...
LA MORT DE MON PÈRE EST UNE CHOSE TRISTE, MAIS CE N'EST PLUS MON PROBLÈME...
JE PENSE QU'AVEC UN HÉRITIER COMME MOI À LA TÊTE DE LA SOCIÉTÉ, IL PEUT REPOSER EN PAIX...
IL N'A PLUS LA MÊME TÊTE !
LEQUEL EST LE VÉRITABLE KAIBA ?
YÛGI, VIENS !
JE VAIS TE GUIDER DANS LE PARC !

TOUTES LES ATTRACTIONS BÉNÉFICIENT DES TECHNOLOGIES DE POINTE.
PAR EXEMPLE, CE 3D "MOTION RIDE".
UWAAAAAA...
GERPS... C'EST ÇA LA RÉALITÉ VIRTUELLE ?!
GROOO
ULTRARÉALISTE ! ON DIRAIT QUE LES MONSTRES VONT NOUS BONDIR À LA FACE !
GRAAA
GRAAA
VOUS N'ÊTES PAS AU BOUT DE VOS SURPRISES !
VOUS ALLEZ VOIR LA PLUS GROSSE ATTRACTION DE CE PARC !
YÛGI ! J'AI PRÉPARÉ UN SHOW EXPRÈS POUR TOI !
EXPRÈS POUR MOI ?!
ÇA PARAÎT EXAGÉRÉ.
ON ENTEND DES CRIS ENTHOUSIASTES !
KWAAA
HÉ HÉ...
OUI, C'EST JUSTE DERRIÈRE CETTE PORTE !
WOOO
ALLEZ-Y, VOUS POUVEZ ENTRER !
J'AI FAIT RÉSERVER DES PLACES POUR VOUS !
WOOO

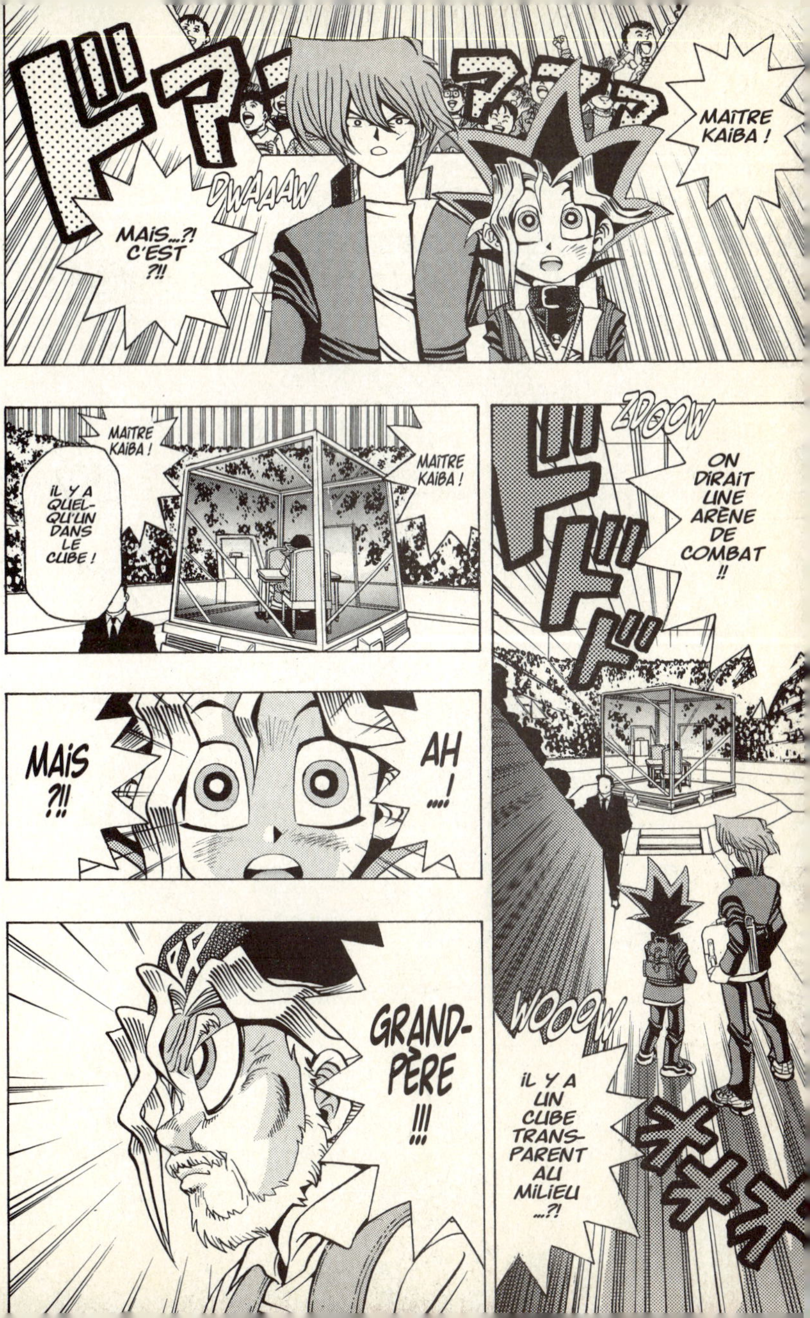
MAÎTRE KAIBA !
DWAAAW
MAIS...?! C'EST ?!!
ZDOOW
ON DIRAIT UNE ARÈNE DE COMBAT !!
WOOOW
IL Y A UN CUBE TRANS-PARENT AU MILIEU ...?!
MAÎTRE KAIBA !
MAÎTRE KAIBA !
IL Y A QUEL-QU'UN DANS LE CUBE !
AH ...!
MAIS ?!!
GRAND-PÈRE !!!

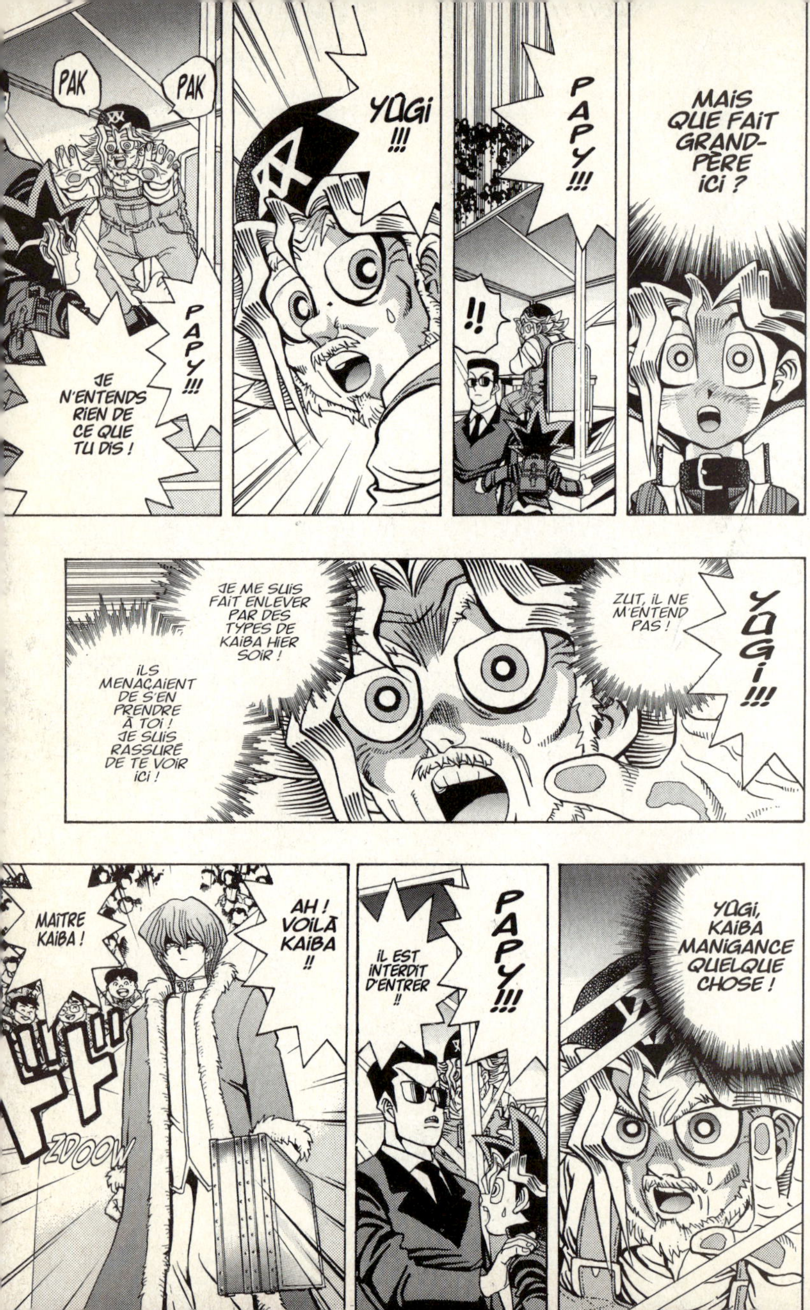

MAIS QUE FAIT GRAND-PÈRE ICI ?
PAPY !!!
!!
YÛGI !!!
PAK
PAK
PAPY !!!
JE N'ENTENDS RIEN DE CE QUE TU DIS !
YÛGI !!!
ZUT, IL NE M'ENTEND PAS !
JE ME SUIS FAIT ENLEVER PAR DES TYPES DE KAIBA HIER SOIR !
ILS MENAÇAIENT DE S'EN PRENDRE À TOI ! JE SUIS RASSURÉ DE TE VOIR ICI !
YÛGI, KAIBA MANIGANCE QUELQUE CHOSE !
PAPY !!!
IL EST INTERDIT D'ENTRER !!
AH ! VOILÀ KAIBA !!
MAÎTRE KAIBA !
ZDOOW

PERSONNE NE PEUT BATTRE KAIBA AUX JEUX !
C'EST POUR ÇA QU'ON L'ADMIRE !
MAÎTRE KAIBA !
ドオオ
ZDOOOW
YÛGI, UN JOUR TU M'AS HUMILIÉ À "MAGIC AND WIZARDS"... LE JOUR DE LA REVANCHE EST ENFIN ARRIVÉ !
ドオォォォォ
ZDOOOOOW
KWAAAW
TU VAS PAYER DE TA VIE LA DÉFAITE QUE TU M'AS FAIT SUBIR !
PAPY !
QU'EST-CE QU'IL NOUS PRÉPARE ?!

VOUS ALLEZ ASSISTER À UN MATCH DE "MAGIC AND WIZARDS" !
VOILÀ MON CHALLENGER !
UN VIEILLARD QUI SE PRÉTEND GAME MASTER ET SE DIT INVINCIBLE À "MAGIC AND WIZARDS" !
"MAGIC AND WISARDS" ?!
IL VEUT JOUER CONTRE PAPY !
HA HA ! LE PETIT VIEUX VEUT SE MESURER AU MAÎTRE !
DOOO
IMPOSSIBLE, IL NE PEUT PAS GAGNER !
YUGI... JE VAIS GAGNER !!!
PAPY EST SÉRIEUX !
POM POM
KRU KRU...
NE TE GÊNE PAS POUR MOI, UTILISE TES MEILLEURES CARTES !
J'EN AI BIEN L'INTENTION !
J'AI MA CARTE, LA "BLUE EYES WHITE DRAGON" !
BLUE EYES WHITE DRAGON
Attaque 3000 pts
Défense 2500 pts
SI JE TIRE CETTE CARTE, J'AI GAGNÉ !
LES POINTS DE VIE SONT FIXÉS À 2000 POINTS ET ON UTILISERA 40 CARTES CHACUN !

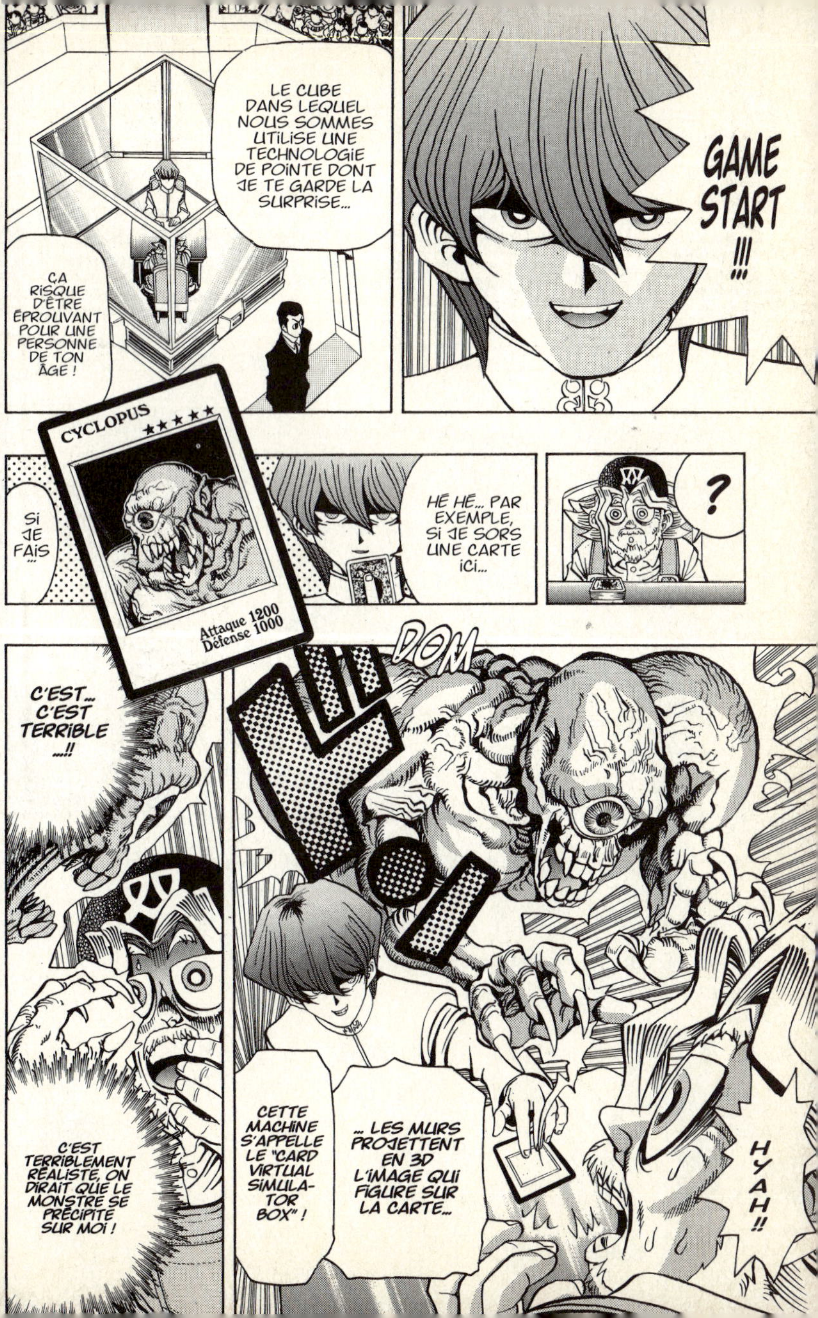
GAME START !!!
LE CUBE DANS LEQUEL NOUS SOMMES UTILISE UNE TECHNOLOGIE DE POINTE DONT JE TE GARDE LA SURPRISE...
ÇA RISQUE D'ÊTRE ÉPROUVANT POUR UNE PERSONNE DE TON ÂGE !
?
HÉ HÉ... PAR EXEMPLE, SI JE SORS UNE CARTE ICI...
SI JE FAIS...
CYCLOPUS
Attaque 1200
Défense 1000
DOM
HYAH !!
... LES MURS PROJETTENT EN 3D L'IMAGE QUI FIGURE SUR LA CARTE...
CETTE MACHINE S'APPELLE LE "CARD VIRTUAL SIMULATOR BOX" !
C'EST... C'EST TERRIBLE ...!!
C'EST TERRIBLEMENT RÉALISTE, ON DIRAIT QUE LE MONSTRE SE PRÉCIPITE SUR MOI !

HÉ HÉ... L'EXPÉRIENCE QUE M'A FAIT SUBIR YŪGI M'A AIDÉ À IMAGINER CETTE MACHINE !
CE N'EST PAS BON POUR LE COEUR DES PERSONNES ÂGÉES...
C'EST À MOI DE JOUER...
UNE ATTAQUE DE MAGIE !
JE CONTRE !
L'ATTAQUE DE HOBBIT !
500 POINTS DE VIE EN MOINS POUR KAIBA.
LE VIEUX SE DÉBROUILLE PAS MAL !
MAIS IL NE POURRA RIEN CONTRE KAIBA !
URH !
GROOO
BOM BOM
MON ATTAQUE VIENT DE LUI RETIRER 300 POINTS !
JE REPRENDS PROGRESSIVEMENT L'AVANTAGE...
PAS ENCORE...
LE NIVEAU EST SUPERÉLEVÉ ! ILS SONT TOUS LES DEUX TRÈS FORTS !
PAPY, TIENS BON !!

CE GARÇON EST ASSEZ FORT... MÊME S'IL A ENCORE DES LACUNES DANS LES COUPS DE MAGIE...
...
KAIBA...
JE CROIS QUE J'AI GAGNÉ...
J'AI TIRÉ LA CARTE DU "BLUE EYES WHITE DRAGON".
VLA
AVEC CETTE CARTE, LA PARTIE EST TERMINÉE !
Attaque 3000 pts
Défense 2500 pts
!
HO HO ...
DANS CE CAS...
... JE VAIS UTILISER CETTE CARTE EN PREMIER.
...!!
ET AU PROCHAIN COUP, CELLE-LÀ...
!!
C'EST PAS POSSIBLE !

ET ENCORE UNE AUTRE !
DONG
R
FUH FUH...
J'AI... J'AI PERDU LA PARTIE !!
ZDOOOO
TROIS CARTES DU "BLUE EYES WHITE DRAGON" !!!

PAPY VIENT DE PERDRE...!!
COMMENT A-T-IL FAIT POUR SE PROCURER CES CARTES MYTHIQUES...?
DANS LE MONDE, BEAUCOUP JOUENT À CE JEU...
J'AI RÉUSSI À RETROUVER LES QUATRE PROPRIÉTAIRES DE CETTE CARTE...
UN AUX USA, UN EN ALLEMAGNE, UN AUTRE À HONG-KONG...
ET LE DERNIER, C'EST TOI !
BIEN ENTENDU, PERSONNE NE VOULAIT ME CÉDER SA CARTE... J'AI DÛ EMPLOYER LES GRANDS MOYENS...
GRÂCE À MA PUISSANCE FINANCIÈRE, J'AI PU LES FAIRE CRAQUER... J'AI FAIT APPEL À LA MAFIA POUR LES PLUS RÉCALCITRANTS...
IL Y EN A MÊME UN QUI A FINI PAR SE SUICIDER !
PAS POSSIBLE...
...!!
QUEL GAMIN EFFRAYANT !!
ET VOILÀ LE MOMENT DE LA SANCTION !!
SCRAC
SCRAC
SCRAC
IL A DÉCHIRÉ MA CARTE ...!!
WA HA HA HA ! ET MAINTENANT JE SUIS LE SEUL AU MONDE À POSSÉDER CETTE CARTE !

ET EN PLUS TU VAS DEVOIR SUBIR LA SANCTION !!!
GROOO
GROOOOW
HYIIIIIIIIIIII !!!
LA RÉALITE VIRTUELLE ! L'EXPÉRIENCE DE LA MORT !!
AH HA HA HA HA HA !!!

GWAAAAAA!
ドカン
DGLONG DGLONG
PAPY !
PAPY!!!
LE MAÎTRE EST VRAIMENT TRÈS FORT !
MAÎTRE KAIBA !
DWOOOOO
HE HE...
ON A DÉJÀ FAIT DES TESTS SUR L'HOMME DANS CETTE BOÎTE...
HYiiiiii
N'IMPORTE QUI PERD LA RAISON EN MOINS DE DIX MINUTES !
KAIBA ! LIBÈRE PAPY DE LA BOÎTE !
SI ON N'ARRÊTE PAS RAPIDEMENT, LE VIEUX VA Y PASSER...

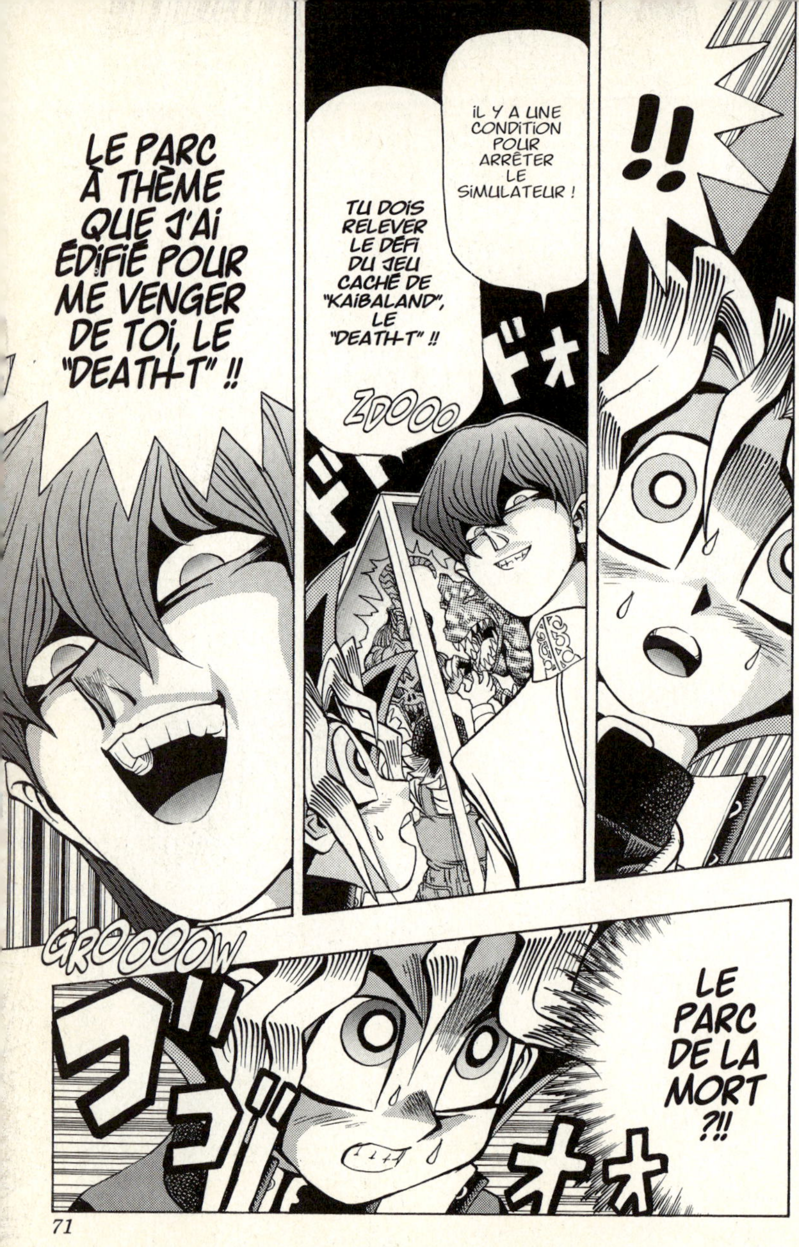
!!
iL Y A UNE CONDITION POUR ARRÊTER LE SiMULATEUR !
TU DOiS RELEVER LE DÉFi DU JEU CACHÉ DE "KAiBALAND", LE "DEATH-T" !!
ドドドオ
ZDOOO
LE PARC À THÈME QUE J'Ai ÉDiFiÉ POUR ME VENGER DE TOi, LE "DEATH-T" !!
LE PARC DE LA MORT ?!!
ゴゴゴオオ
GROOOOW

Battle 28 LE PREMIER CHAMP DE BATAILLE

HYIIIIIII!!!
DGLONG
DGLONG
GROOOOW
GTONG
GTONG
GTONG
GYAAAAAW
PAPY!!!
PAPY!!!

WA HA HA HA ! TON GRAND-PÈRE EST EN TRAIN DE SAVOURER LA TERREUR DE LA RÉALITÉ VIRTUELLE !
DANS MOINS DE CINQ MINUTES, IL VA SOMBRER DANS LA FOLIE !
GROOO
KAIBA ! SORS MON GRAND-PÈRE DE LÀ !
JE VEUX BIEN !
À UNE SEULE CONDITION !
COMME JE TE L'AI DIT, IL Y A UN PARC CACHÉ À "KAIBALAND" !!
YÛGI ! J'AI DÉPENSÉ DES MILLIONS POUR LE CONSTRUIRE !
LE PARC DE LA MORT !
YÛGI !!
J'ARRÊTERAI LE SIMULATEUR À LA CONDITION QUE TU RELÈVES LE DÉFI DE CE PARC !
!!
GROOOOW

D'ACCORD ! JE VAIS ESSAYER LE "DEATH-T" !!!
HE HE ...
ARRÊTE LE SIMULATEUR !!
OUI !
PSHUUU
GROOOOW
HAH
HAH
PAPY !!!
PAPY, ÇA VA ?!!
HAH
HAH
FOUAH FOUAH
PAPY !!!

YÛ... YÛGI...
JE SUIS DÉSOLÉ... J'AI PERDU LA PARTIE...
PAPY !!!
CE GAR-ÇON EST DIABO-LIQUE...
IL NE RECULE DEVANT RIEN POUR GAGNER... MÊME S'IL S'AGIT DE LA VIE D'UN HOMME...
NE PARLE PLUS ! IL FAUT QUE TU TE REPOSES...!
YÛGI...
C'EST UNE CARTE QUE J'AI UTILISÉE CONTRE LUI TOUT À L'HEURE...
J'AI PEUT-ÊTRE PERDU, MAIS CETTE CARTE RENFERME MON ÂME...
TIENS...
PAPY !
HAH FOUAH
YÛGI...
TU PEUX GAGNER CONTRE CE GARÇON !!!
!!

J'AI COMPRIS !
JE GAGNE-RAI !
L'ÂME DE PAPY EST DANS CETTE CARTE, JE DOIS BATTRE KAIBA !!
YUGI !
J'AI APPELÉ UNE AMBU-LANCE !
IL FAUT FAIRE VITE !
JE SUIS DÉSOLÉ DE NE PAS POUVOIR VENIR AVEC TOI !
PAPY !!!
GRUUUU

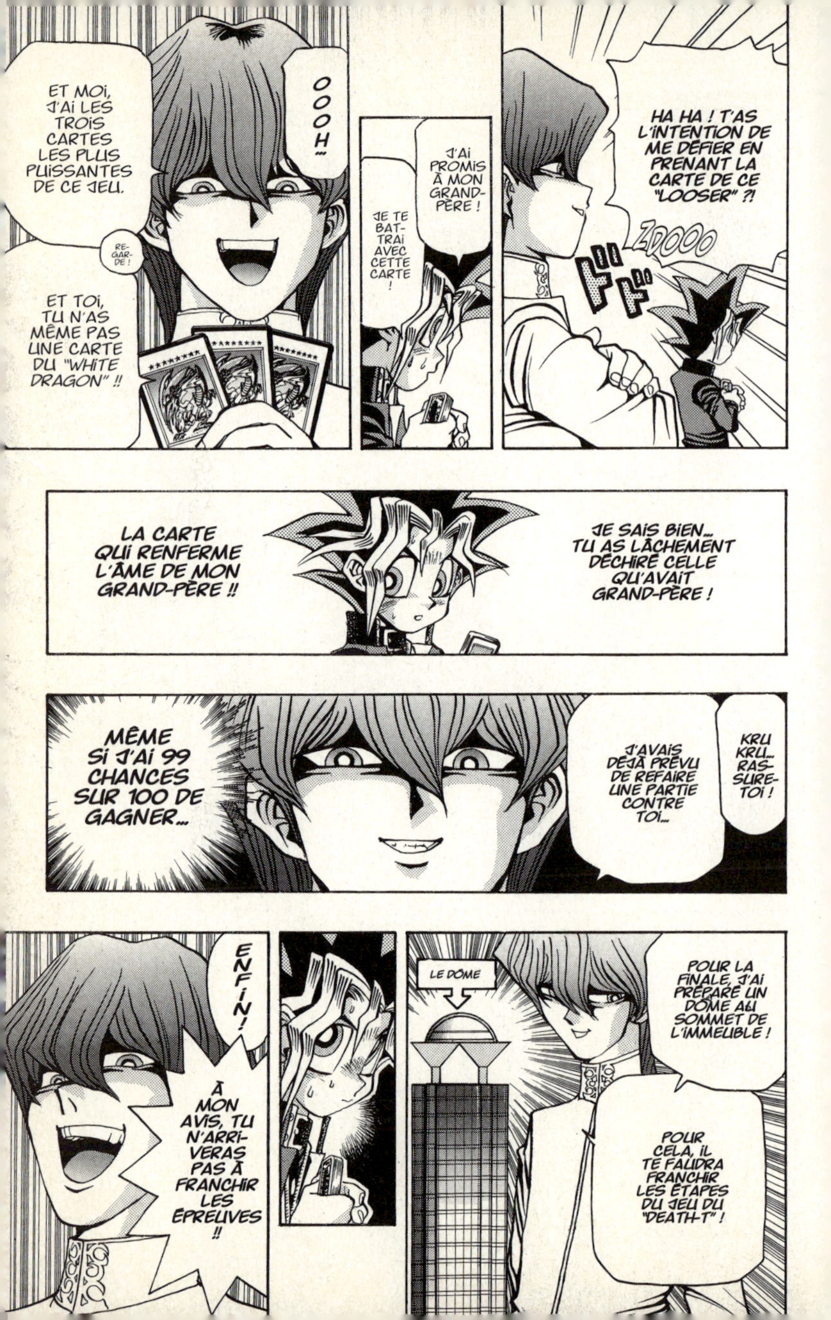
HA HA ! T'AS L'INTENTION DE ME DÉFIER EN PRENANT LA CARTE DE CE "LOOSER" ?!
ZDOOO
J'AI PROMIS À MON GRAND-PÈRE !
JE TE BATTRAI AVEC CETTE CARTE !
OOOH...
ET MOI, J'AI LES TROIS CARTES LES PLUS PUISSANTES DE CE JEU.
REGARDE !
ET TOI, TU N'AS MÊME PAS UNE CARTE DU "WHITE DRAGON" !!
JE SAIS BIEN... TU AS LÂCHEMENT DÉCHIRÉ CELLE QU'AVAIT GRAND-PÈRE !
LA CARTE QUI RENFERME L'ÂME DE MON GRAND-PÈRE !!
KRU KRU... RASSURE-TOI !
J'AVAIS DÉJÀ PRÉVU DE REFAIRE UNE PARTIE CONTRE TOI...
MÊME SI J'AI 99 CHANCES SUR 100 DE GAGNER...
POUR LA FINALE, J'AI PRÉPARÉ UN DÔME AU SOMMET DE L'IMMEUBLE !
LE DÔME
POUR CELA, IL TE FAUDRA FRANCHIR LES ÉTAPES DU JEU DU "DEATH-T" !
ENFIN !
À MON AVIS, TU N'ARRIVERAS PAS À FRANCHIR LES ÉPREUVES !!

MOI AUSSI, JE VIENS AVEC YÛGI !
VLAM
JÔNO-UCHI !!
HE HE...
LE NIAIS, S'ASSOCIER AVEC UN MEC AUSSI NUL, IL RISQUE DE LE REGRETTER...
KAIBA !
TU SAIS, ÇA SERAIT FACILE POUR MOI D'ÉCRASER TA TRONCHE D'ABRUTI...!
MAIS CETTE SOLUTION NE ME SATISFAIT PAS.
C'EST YÛGI QUI VA TE BATTRE AU JEU DE CARTES !!

JE SUIS PRÊT À RISQUER MA PEAU POUR AIDER YÛGI !
JÔNO-UCHI...
PFFH...
IL FAUDRAIT PEUT-ÊTRE PAS M'OUBLIER !!!
JÔNO-UCHI, YÛGI !!
HONDA!!!
HE HE ...

MAIS HONDA ?! QU'EST-CE QUE TU FOUS AVEC CE GAMIN DANS LE DOS ?!
GRAAA...
AH OUI, LUI ?
C'EST MA FRANGINE QUI ME L'A CONFIÉ...
ELLE M'A TANNÉ POUR QUE JE L'EMMÈNE À "KAIBA-LAND"...
YÛGI ! J'SUIS LÀ POUR T'AIDER !
J'ÉTAIS VENU EN SPECTATEUR ET JE VOUS AI VUS !
J'AI SENTI QUE VOUS AVIEZ BESOIN DE MOI !
HONDA...
MAÎTRE KAIBA !
KYA
KYA
...!!
TU VAS LA FERMER, OUI ?!
BOM
HONDA, DU CALME ! NE LE FAIS PAS CHIALER !
OUIIIIIIN...
HONDA... JÔNO-UCHI...
MERCI À TOUS LES DEUX...
HIROTO, CRÉTIN ! TU M'AS FAIT MAL !
JE DIRAI TOUT À MAMAN !
LA FERME !
PFFH...

BABAM
ALORS ? ON LA COMMENCE, CETTE PARTIE ?
HE HE...
JE VAIS TOUS VOUS ENTERRER !
VLA
OUVREZ LA PORTE DU "DEATH-T" !!!

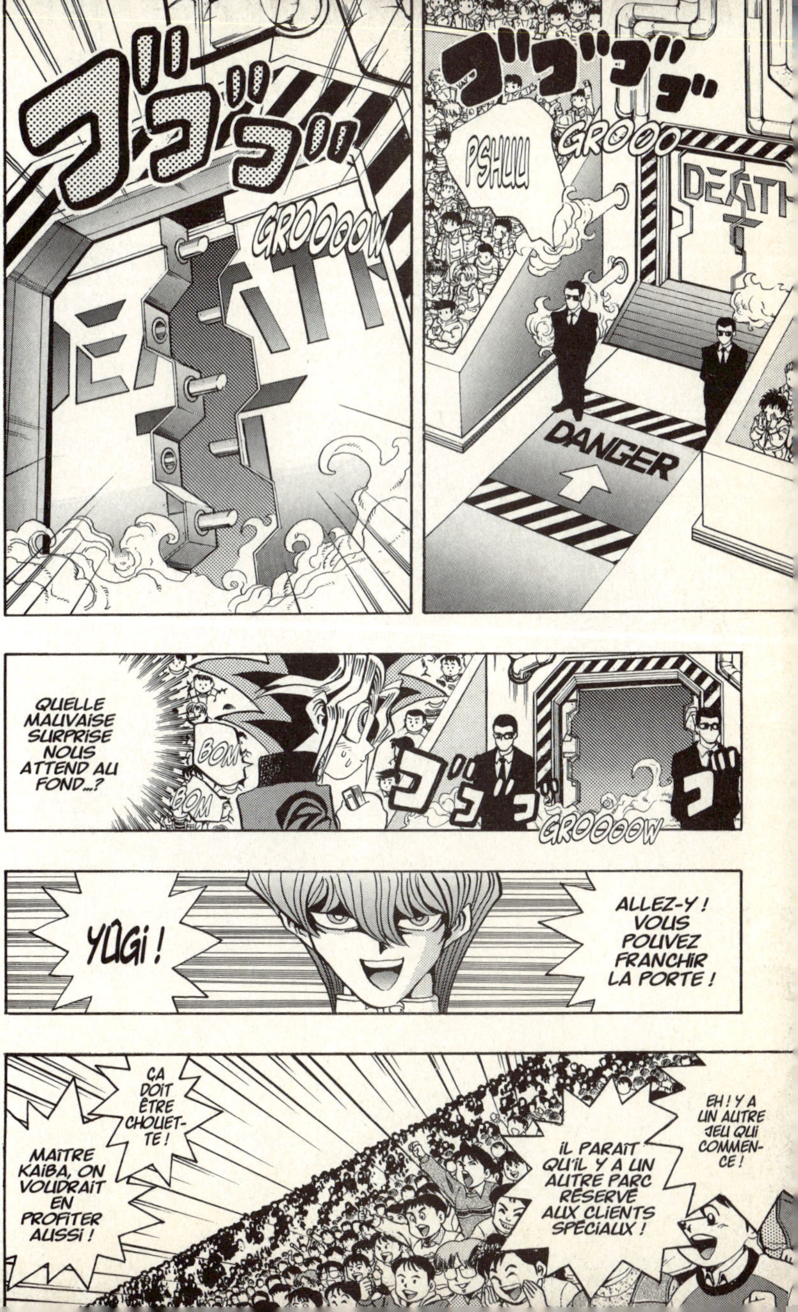
GROOO
PSHUU
DEATH
DANGER
GROOOOW
GROOOOW
BOM
BOM
QUELLE MAUVAISE SURPRISE NOUS ATTEND AU FOND...?
ALLEZ-Y ! VOUS POUVEZ FRANCHIR LA PORTE !
YÛGI !
EH ! Y A UN AUTRE JEU QUI COMMEN-CE !
IL PARAIT QU'IL Y A UN AUTRE PARC RÉSERVÉ AUX CLIENTS SPÉCIAUX !
ÇA DOIT ÊTRE CHOUET-TE !
MAÎTRE KAIBA, ON VOUDRAIT EN PROFITER AUSSI !

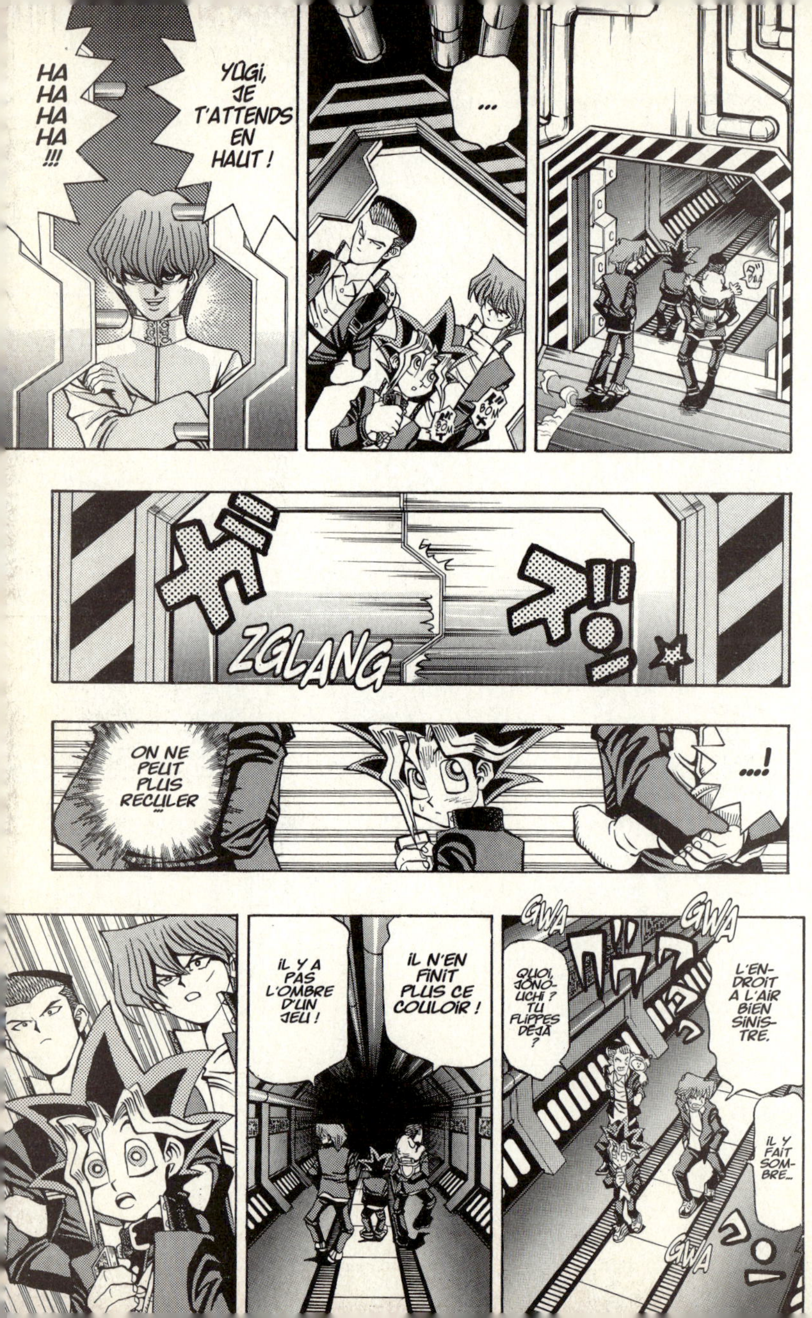
...
YÛGI, JE T'ATTENDS EN HAUT !
HA HA HA HA !!!
ZGLANG
...!
ON NE PEUT PLUS RECULER...
GWA
GWA
L'ENDROIT A L'AIR BIEN SINISTRE.
QUOI, JÔNOUCHI ? TU FLIPPES DÉJÀ ?
IL Y FAIT SOMBRE...
GWA
IL N'EN FINIT PLUS CE COULOIR !
IL Y A PAS L'OMBRE D'UN JEU !

ZDOOOOO
DEATH T-1
DEATH-T ONE !!
C'EST ÇA LA PREMIÈRE ATTRACTION ?
GRAAA
LA PORTE S'OUVRE !
BEEEP
ALERTE !
ALERTE ! ALERTE !
BEEEP
QUOI ? QU'EST-CE QUI SE PASSE ?
À L'AIDE !!!
UHM ...?
!!

AAAAH !!!
HEIN ?!
QU'EST-CE QUE VOUS FAITES LÀ ?
ET TOI, ANZU ?!!
J'AI COMMENCÉ MON NOUVEAU JOB DANS LE PARC !
JE ME SUIS FAIT VIRER DU "BURGER WORLD" ! J'AI GIFLÉ UN CLIENT QUI ESSAYAIT DE ME TOUCHER !
...
POUR MON BOULOT ICI, JE DOIS PORTER CE DÉGUISEMENT ET RENSEIGNER LES CLIENTS.
VOUS M'AVEZ ENCORE SURPRISE !!
TU DEMANDAIS DE L'AIDE ? POURQUOI ?
C'EST DU CINÉMA ! ÇA FAIT PARTIE DU PARC !
ENSUITE, JE DOIS DIRE ÇA AUX CLIENTS...
... LA STATION SPATIALE EST EN DIFFICULTÉ APRÈS L'ATTAQUE ENNEMIE !
VOUS ÊTES LES SEULS À POUVOIR SAUVER LA STATION !
VOUS DEVEZ ENFILER LA COMBINAISON CYBER ET PRENDRE LE "LASER GUN" !

Tu es vraiment naïve !
Je joue mal mon rôle ?
Pourtant j'ai bien répété…
Idiote !
Tu n'as pas compris le but de ce parc !
Il vaut peut-être mieux qu'elle ne sache pas ?
?
Il paraît que la première épreuve est un "gun shooting battle" !
Tout l'équipement est déjà prêt…
Allez, tout le monde ! On se change !
Toujours en forme…
BLAM
Ça vous va très bien !
Écoutez ! La règle, c'est trois contre trois !
Le battle se déroule au fond dans la salle de "l'electrical field" !!

VOUS VOYEZ LE CAPTEUR SUR LA VESTE ? C'EST ICI QU'IL FAUT VISER !
LE CAPTEUR VOUS TRANSMET DES VIBRATIONS QUAND VOUS ÊTES ATTEINTS !
CELUI QUI EST TOUCHÉ EST OBLIGÉ DE SE RETIRER DE L'ÉQUIPE.
LA PREMIÈRE ÉQUIPE QUI FAIT DISPARAÎTRE L'AUTRE...
... A GAGNÉ !!!
KAIBA A CERTAINEMENT DÛ PLACER UN PIÈGE QUELQUE PART...
... MAIS OÙ ?!
HE, ANZU !
TU VEUX BIEN LE GARDER PENDANT LA PARTIE ?
DAAA
C'EST... C'EST TON FILS ?!
ÇA VA PAS, NON ?!
KYA KYA
GIRI GIRI
MUAW
HE HE
...!
POTCH
POTCH
MAIS !! IL EST VICIEUX, CE GAMIN !
BON, LES MECS, ON Y VA !
GRAAA
BON COURAGE !

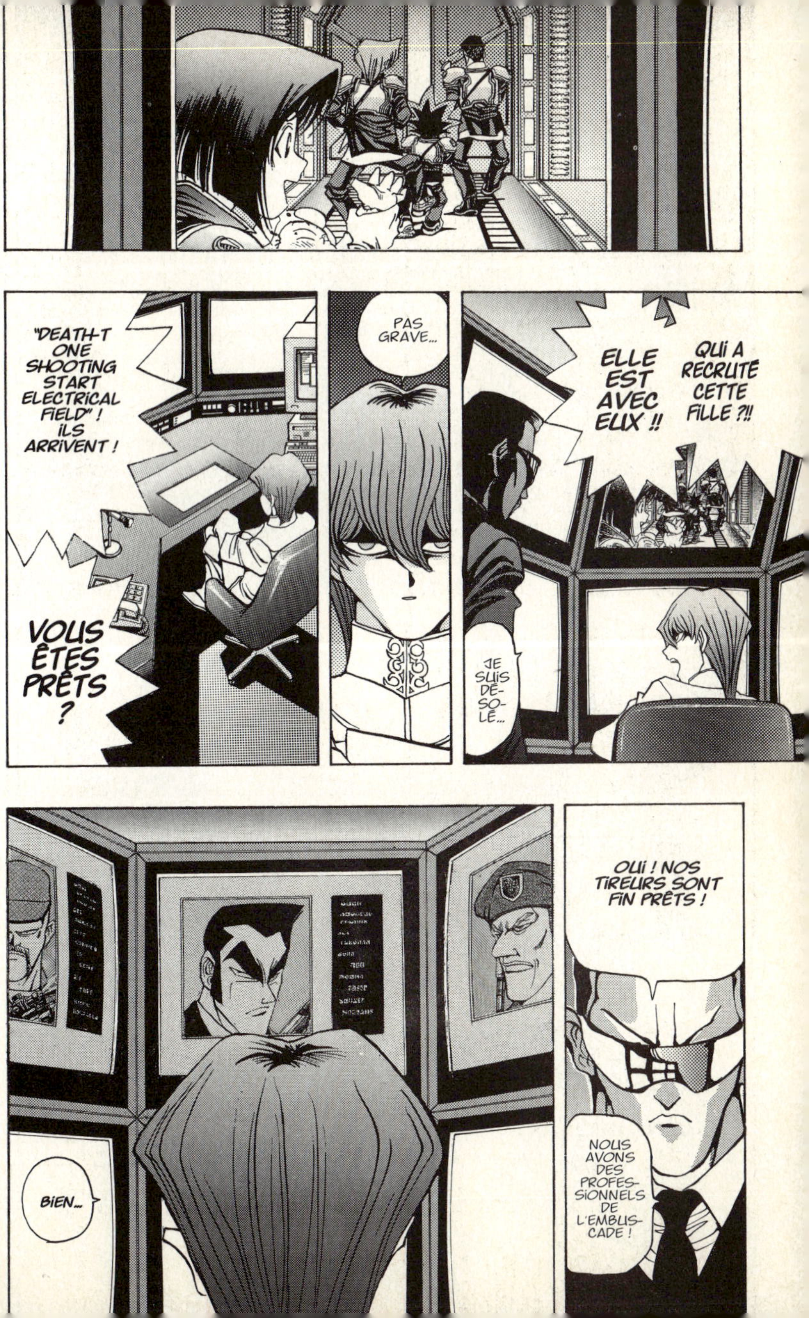
ELLE EST AVEC EUX !!
QUI A RECRUTE CETTE FILLE ?!!
JE SUIS DÉSOLÉ...
PAS GRAVE...
"DEATH-T ONE SHOOTING START ELECTRICAL FIELD" ! ILS ARRIVENT !
VOUS ÊTES PRÊTS ?
OUI ! NOS TIREURS SONT FIN PRÊTS !
NOUS AVONS DES PROFESSIONNELS DE L'EMBUSCADE !
BIEN...

JOHNNY GAIL
•américain
•ancien officier des bérets verts
•professionnel de la guérilla
BOB MC GAYA
•américain
•ancien chef de section chez les "swat"
•tireur d'élite
NOM INCONNU
•nationalité inconnue
•tueur professionnel
•ne rate jamais un contrat
HE HE... YÛGI ! LES ARMES QUE VOUS AVEZ NE SONT QUE DES JOUETS !
MAIS S'ILS ARRIVENT À VOUS TOUCHER... VOUS RECEVREZ UNE DÉCHARGE DE 100 000 VOLTS !
JE VAIS ME FAIRE LE PLAISIR D'OBSERVER LA PARTIE !
WA HA HA HA !!!

HÉ... KAIBA NOUS OFFRE UNE PRIME SUR LEUR TÊTE !
10 000 $ PAR TÊTE...
DÉSOLÉ, MAIS JE VAIS ME FAIRE LES TROIS GAMINS...
HE HE ...
ÇA VA ÊTRE AMUSANT !!
ZOOOOOOW
DOM
BON, ON VA BIEN SE LA DONNER !!!
GROOW
GROOO
GROOOW

GAME START !!!

Battle 29
SHOOTING STARDUST

BOM
BOM
"SHOOTING STARDUST".
explications.
•Il s'agit de se tirer dessus à trois contre trois.
•Il y a un capteur placé près du cœur des joueurs.
•Celui dont le capteur est touché est game over.
•L'équipe qui n'a plus de joueurs a perdu.
ZDOOO
ZDOOO
•Nationalité inconnue
•Tueur professionnel
•BOB MC GAYA
•Ancien leader chez les "swat"
•JOHNNY GAIL
•Ancien officier béret vert
VLOM
KAIBA
INFORMATIO
KAIBA INFORMATION !
KAIBA !
VLA !
YUGI !
J'AI ENGAGÉ DES MERCENAIRES POUR JOUER CONTRE VOUS.
KAIBAAA ! ÉCOUTE-MOI BIEN !
ON VA FRANCHIR TOUTES LES ÉTAPES ET ON SE RETROUVERA !
ET JE FERAI MA PARTIE AVEC LA CARTE DE GRAND-PÈRE !
KAIBA !

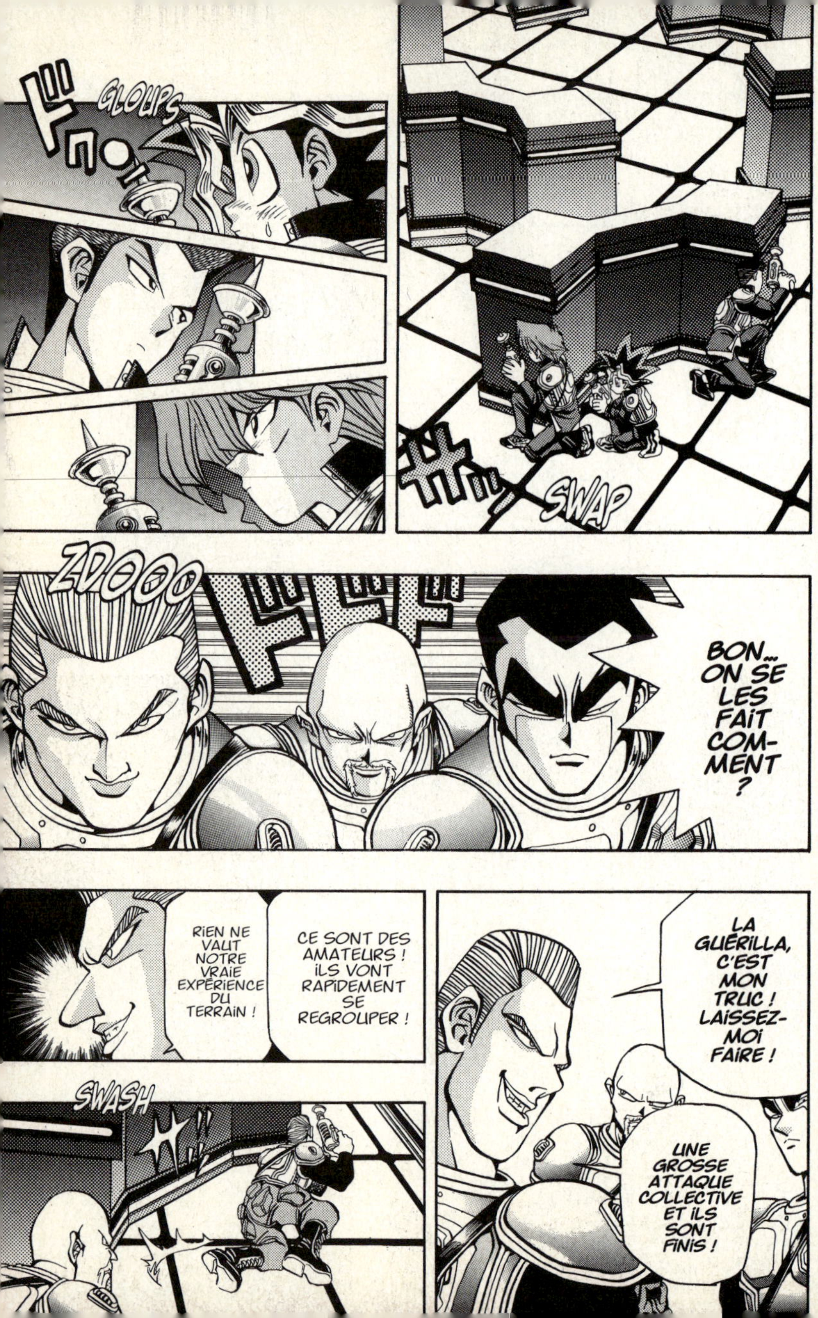
SWAP
GLOUPS
ZDOOO
BON... ON SE LES FAIT COMMENT ?
LA GUÉRILLA, C'EST MON TRUC ! LAISSEZ-MOI FAIRE !
UNE GROSSE ATTAQUE COLLECTIVE ET ILS SONT FINIS !
CE SONT DES AMATEURS ! ILS VONT RAPIDEMENT SE REGROUPER !
RIEN NE VAUT NOTRE VRAIE EXPÉRIENCE DU TERRAIN !
SWASH

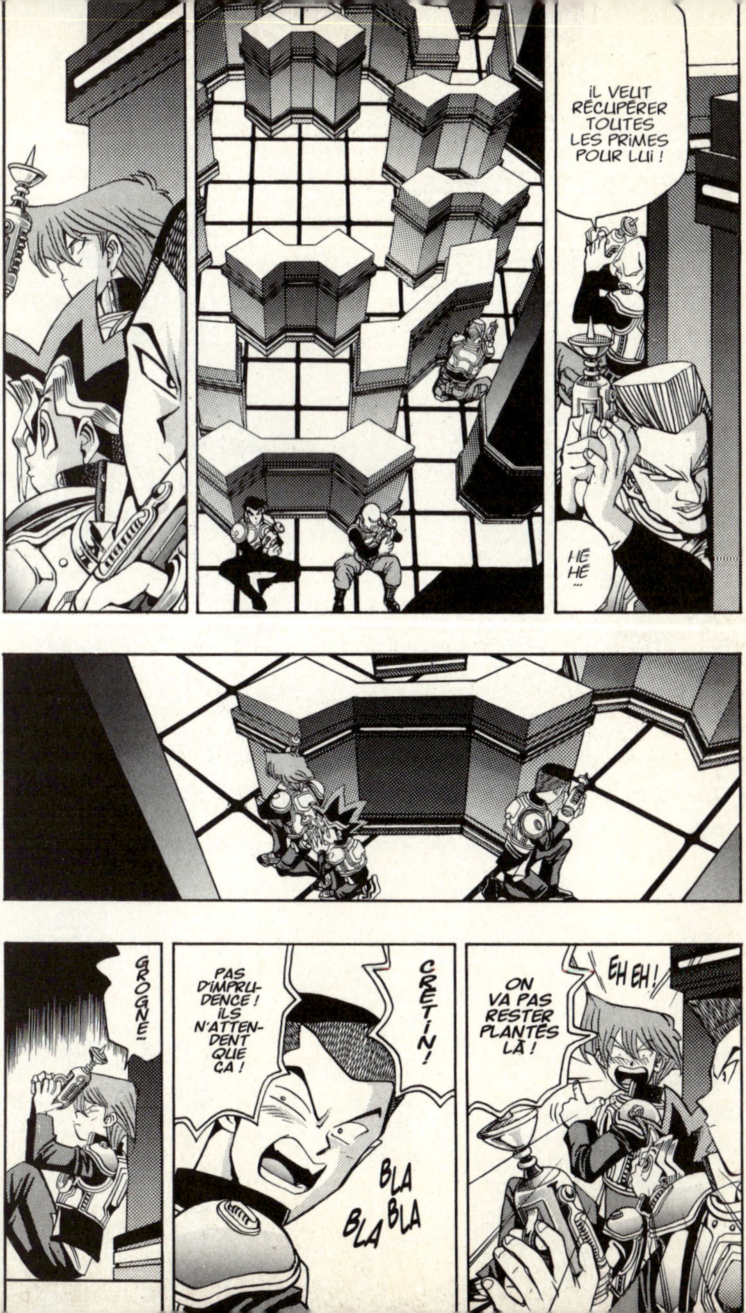

iL VEUT RÉCUPÉRER TOUTES LES PRIMES POUR LUi !
HE HE...
ON VA PAS RESTER PLANTÉS LÀ !
EH EH !
CRÉTiN !
PAS D'iMPRUDENCE ! iLS N'ATTENDENT QUE ÇA !
BLA BLA BLA BLA
GROGNE...

DANS UN LIEU AUSSI PETIT... UNE SEULE RÈGLE : GARDER UNE POSITION FAVORABLE POUR ATTAQUER !
RÈGLE DE BASE DE LA SURVIE !
PAS MOI !! J'SUIS PAS DU GENRE À RESTER IMMOBILE !
J'SUIS UN HOMME ! JE DOIS Y ALLER FRANCHEMENT !!!
JE TIENS PLUS !!
JE SUIS D'ACCORD AVEC HONDA !
C'EST LE MEILLEUR MOYEN DE LES RABATTRE VERS NOUS !
AH !
JÔNOUCHI !
BLAM
VOILÀ, ON Y VOIT PLUS CLAIR !!

AAAAA
ZDAM
À L'ATTA-QUE !
ZDAM
ZDAM
ZDAM
LE CON !
JÔNO-UCHI !!
ZDAM
QUOI ?!
AAA
ZDAM

ET D'UN !!
WHAT !!!
VLAM
UNE TECHNIQUE D'ATTAQUE SUPÉRIEURE À LA MIENNE !!
HE HE !!!
MAIS POUR LE "GUN" C'EST MOI LE PRO !
IL EST FINI !
CRÈVE !!!
ZDOM
URGS ...

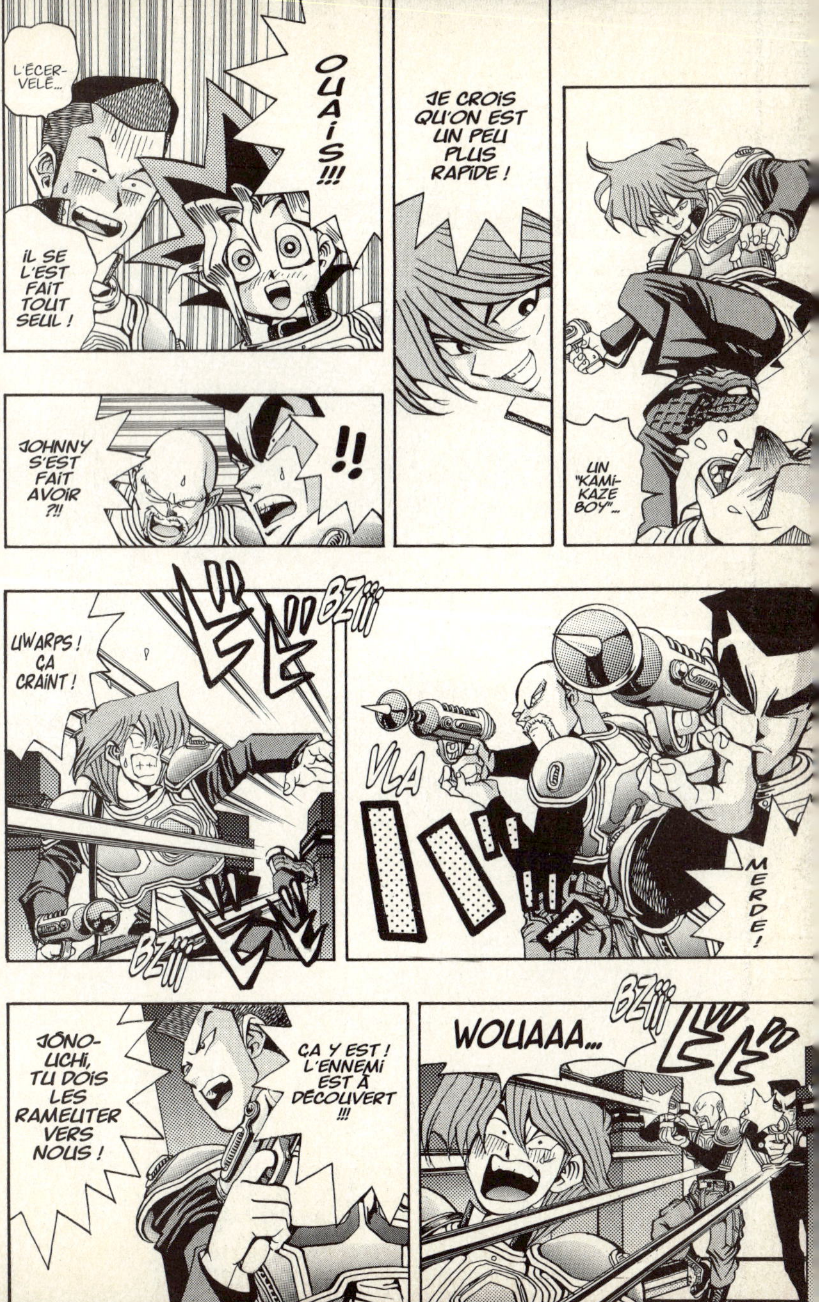
UN "KAMIKAZE BOY"...
JE CROIS QU'ON EST UN PEU PLUS RAPIDE !
OUAiS !!!
L'ÉCERVELÉ...
iL SE L'EST FAIT TOUT SEUL !
JOHNNY S'EST FAIT AVOIR ?!!
!!
BZiii
VLA
MERDE !
UWARPS ! ÇA CRAINT !
BZiii
BZiii
WOUAAA...
ÇA Y EST ! L'ENNEMI EST À DÉCOUVERT !!!
JÔNO-UCHi, TU DOIS LES RAMEUTER VERS NOUS !

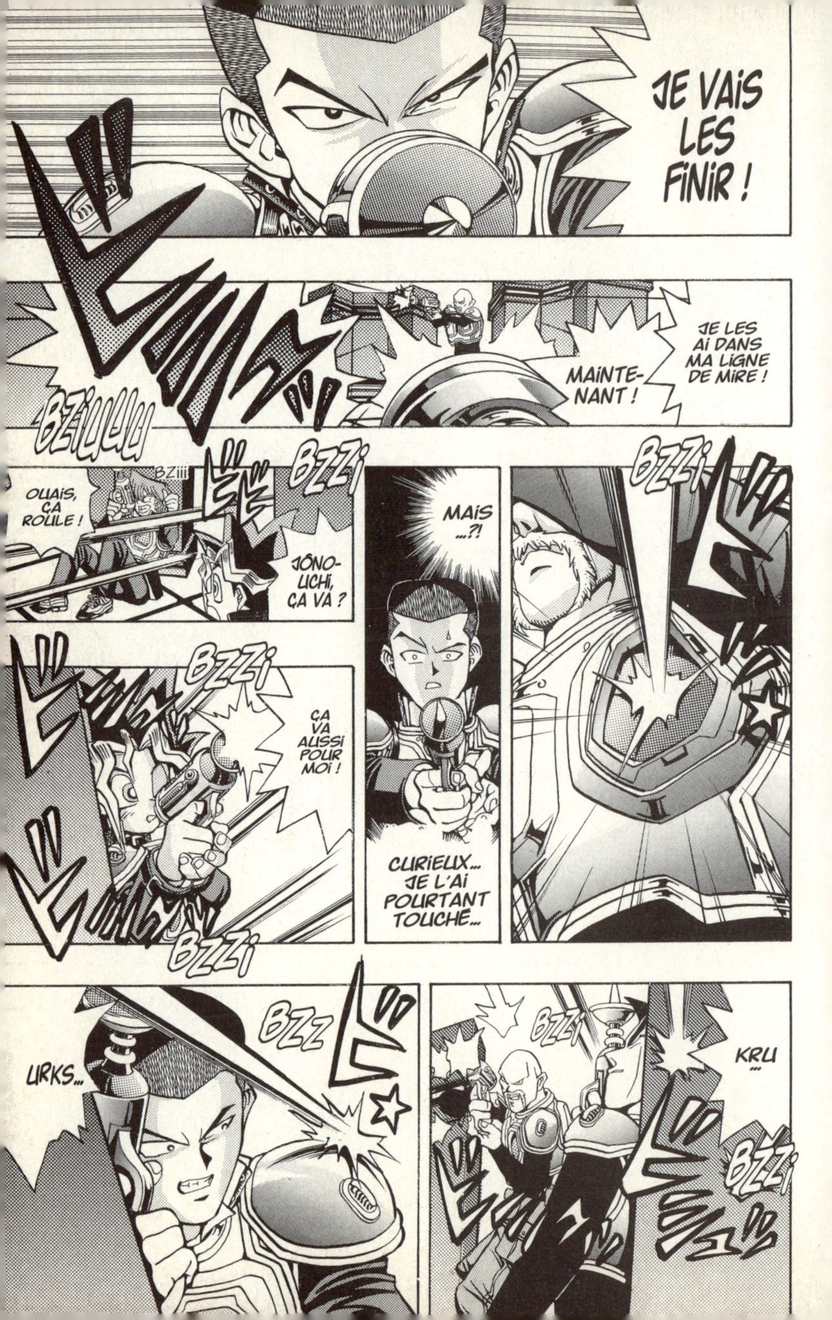

JE VAIS LES FINIR !
JE LES AI DANS MA LIGNE DE MIRE !
MAINTE-NANT !
BZIUUUU
BZZi
MAIS ...?!
BZZi
JÔNO-UCHI, ÇA VA ?
OUAIS, ÇA ROULE !
BZiii
CURIEUX... JE L'AI POURTANT TOUCHÉ...
BZZi
ÇA VA AUSSI POUR MOI !
BZZi
KRU ...
BZZi
BZZi
BZZ
URKS...

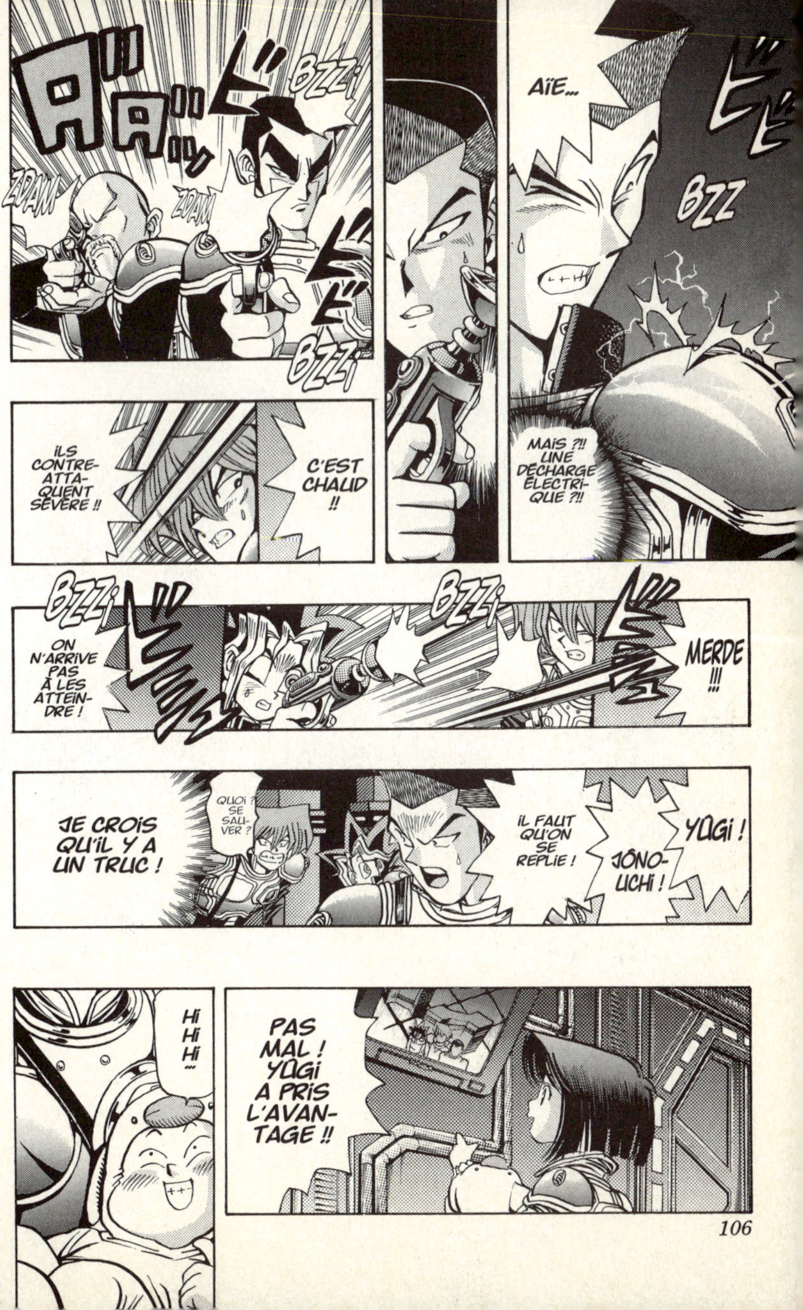
AÏE...
BZZ
MAIS ?!! UNE DÉCHARGE ÉLECTRIQUE ?!!
AAA
BZZi
ZDAM
ZDAM
BZZi
C'EST CHAUD !!
ILS CONTRE-ATTAQUENT SÉVÈRE !!
BZZi
MERDE !!!
BZZi
ON N'ARRIVE PAS À LES ATTEINDRE !
YÛGI !
JÔNOUCHI !
IL FAUT QU'ON SE REPLIE !
QUOI ? SE SAUVER ?
JE CROIS QU'IL Y A UN TRUC !
PAS MAL ! YÛGI A PRIS L'AVANTAGE !!
HI HI HI...

DIS-MOI, ANZU ?
ON POURRAIT PAS LES LAISSER LÀ ? ON POURRAIT ALLER SE PROMENER !
HEIN ?!
MON NOM ?
JORGIE !
J'AI VU UN MILK-BAR SYMPA DANS LE PARC...
TU VEUX PAS QU'ON Y AILLE ?
QUEL ENFANT GÂTÉ...
TU T'APPELLES COMMENT ?
GRAAA
EXPLIQUE-MOI, HONDA ! POURQUOI ON DOIT SE SAUVER ?! JUSTE DEVANT L'ENNEMI, LA HONTE !
OH !
IL NE FAUT PAS SE SAUVER PENDANT UNE PARTIE !
HONDA, QU'EST-CE QU'IL Y A ?
YUGI...
CE N'EST PAS QU'UN JEU...
COM-MENT ?!

NOS FLINGUES NE SERVENT À RIEN !
ON N'A AUCUN MOYEN DE GAGNER CONTRE EUX DANS CE JEU !
KLANK
KOAAAAA ?!!
CE SALOPARD DE KAÏBA !!
NIUOOOW !!
VOUS AVEZ OSÉ NOUS DÉRANGER ALORS QU'ON ÉTAIT TOUS LES DEUX !
VOUS DITES DU MAL DE MAÎTRE KAÏBA !
JE NE PEUX PAS LAISSER PASSER ÇA !
BZZi
BZZiiu
UWAAW
BZZi
BZZi

BUZZZZ
BUZZZZ
BUZZZZ
MAIS C'EST ...?!!
UNE ÉNORME DÉCHARGE ÉLECTRIQUE SUR LA VESTE DE RECHANGE !!
SI ÇA SE TROUVE, ON PORTE LA MÊME... GLOUPS...
ZDOOOOW
AH !
JORGIE, FILE-MOI CE FLINGUE !
C'EST BIEN ÇA !
BLAM
LE FLINGUE D'ANZU RESSEMBLE AUX NÔTRES, MAIS IL EST DIFFÉRENT !

J'SUIS SÛR QUE LES AUTRES ONT LE MÊME QUE CELUI-LÀ !
CE PISTO-LET TUEUR !
KAÏBA !
QUEL LÂCHE ...
ÇA NOUS FAIT TOUJOURS UN GUN POUR LES AFFRONTER !
KAIBA A ENGAGÉ ANZU ET IL LUI A FILÉ CE GUN SANS SAVOIR QU'ELLE NOUS CONNAISSAIT.
ZOMB !
JE DÉMIS-SIONNE !!
C'EST DONC ÇA LE THÈME DE CE PARC... LA MORT !
JE PENSE QUE KAIBA N'AVAIT PAS PRÉVU ÇA !
ILS SONT PEUT-ÊTRE DEUX, MAIS CE SONT DES PROS.
UN SEUL "GUN", ÇA FAIT UN PEU LÉGER...
TU VEUX QUE JE REFASSE UNE ATTAQUE-SURPRISE ?
ÇA NE MARCHERA JAMAIS DEUX FOIS !
T'AS EU DU BOL TOUT À L'HEURE !
VOUS N'ARRÊTEZ PAS DE DIRE DU MAL DU MAÎTRE !
JE ME FERAIS UN PLAISIR DE VOUS FLINGUER !
!
BOUDE

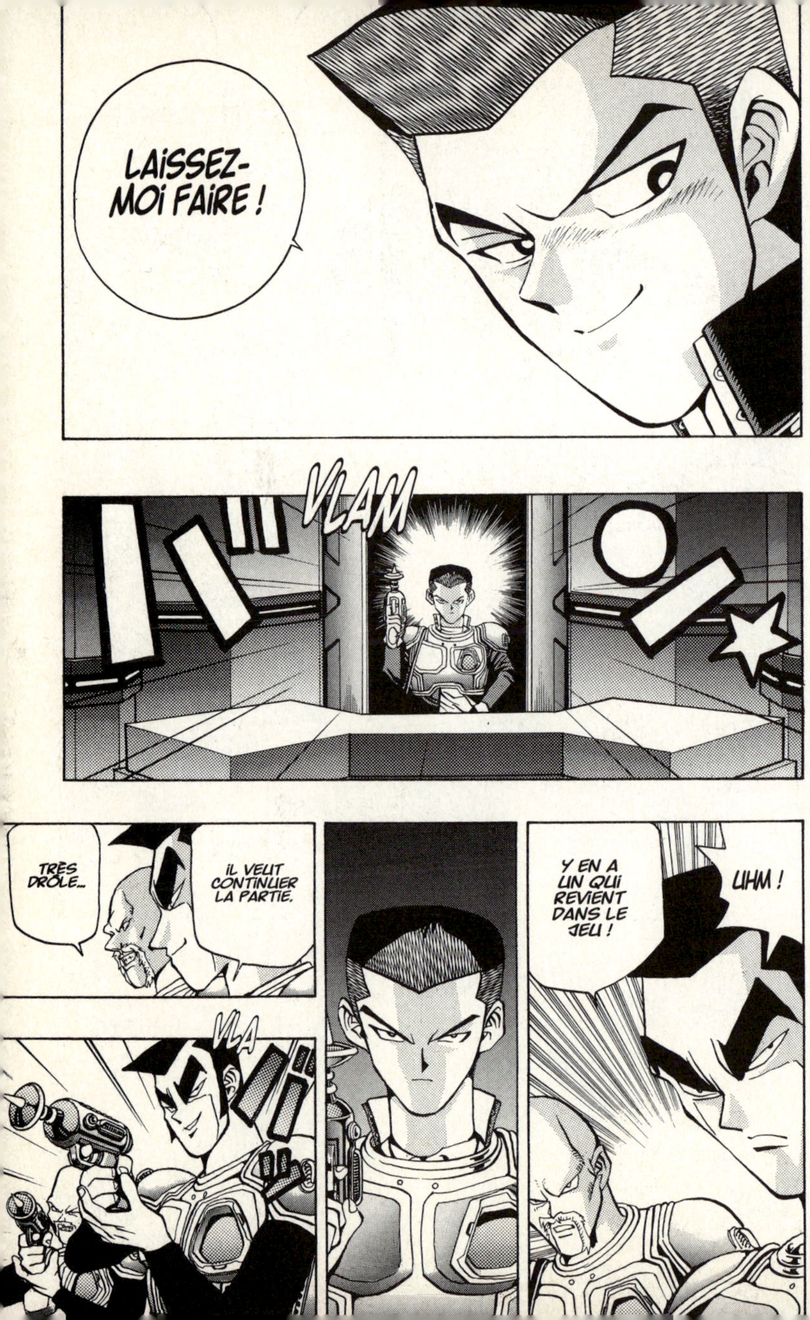
LAISSEZ-MOI FAIRE !
VLAM
UHM !
Y EN A UN QUI REVIENT DANS LE JEU !
IL VEUT CONTINUER LA PARTIE.
TRÈS DRÔLE...
VLA

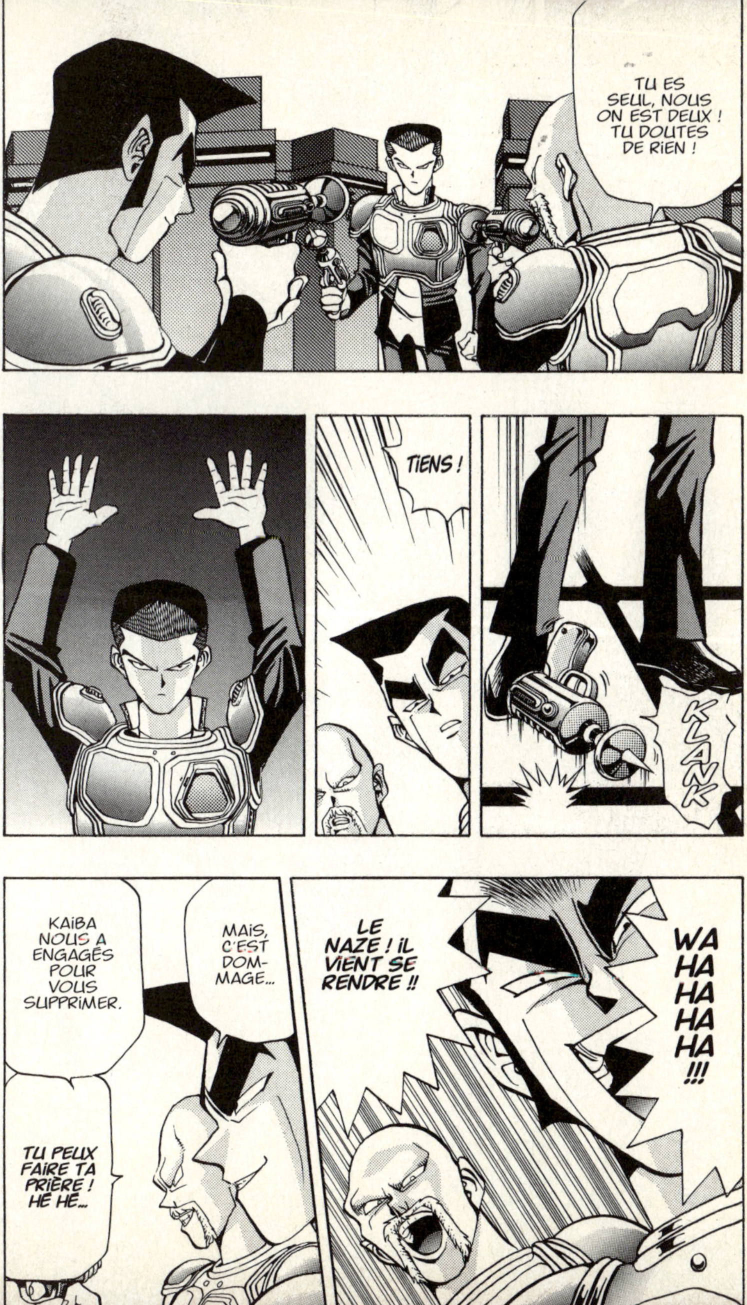
TU ES SEUL, NOUS ON EST DEUX ! TU DOUTES DE RIEN !
KLANK
TIENS !
WA HA HA HA HA HA !!!
LE NAZE ! IL VIENT SE RENDRE !!
MAIS, C'EST DOM-MAGE...
KAIBA NOUS A ENGAGÉS POUR VOUS SUPPRIMER.
TU PEUX FAIRE TA PRIÈRE ! HÉ HÉ...

VLAM
ON VA JOUER AU JEU DE L'EXÉCUTION !
HI HI HI HI...
MAINTENANT !
PLAP
HIROTO, ATTRAPE !
AHA HA HA HA !!!
CRÈVE !!!
GASP

BZZiuuu
BZZiuu
DANS LES WESTERNS, C'EST CELUi QUi CAUSE LE MOiNS QUi TiRE LE PLUS ViTE !
BZiiii
GWAAAAW...
BZiiii
J'Ai BAiSSÉ LE VOLTAGE DU FLiNGUE, VOUS RESTEREZ EN ViE !

OUAiS !!!
HONDA !!!
HE, HIROTO !
JE T'Ai AiDÉ, N'OUBLiE PAS TA PROMES-SE !
...
PAS MAL... iLS ONT RÉUSSi À PASSER LA PREMiÈRE ÉPREUVE... VOYONS POUR LA SUiTE...
YUGi !...
COMMENT ÇA !! POURQUOi JE DEVRAiS PRENDRE UN BAiN AVEC CE GAMiN ?!
ANZU, JE T'EN PRiE !
Hi Hi
KYA KYA
BON, LA SUiTE !!!
NON !
S'iL TE PLAiT !
OUi !

Battle 30
SURTOUT NE PAS CRIER !!

YOOOOW!!!
BLAM
LA SUITE !!!
TROP FACILE CETTE ÉPREUVE !!!
TOUT JUSTE BON POUR S'ÉCHAUFFER !!!
TU TROUVES PAS, YÛGI ?
EN REPENSANT AU JEU PRÉCÉDENT, ÇA ME FAIT FROID DANS LE DOS !
JE SUIS PERSUADÉ QU'IL NOUS A PRÉPARÉ UN JEU BIEN SCÉLÉRAT !
YÛGI A RAISON, ON DOIT SE MÉFIER !
IL Y A D'AUTRES ÉPREUVES QUI NOUS ATTENDENT !

MAAAAIS !
J'EN AI ASSEZ DE M'OCCUPER DE LUI !
ANZU, J'SUIS DÉSOLÉ !
IL VEUT QUE CE SOIT TOI QUI T'OCCUPES DE LUI !
J'EN AI AS-SEZ !
HI HI HI HI ...
PETITE ANZU !
...
GRRGRR
BREF !!!
PEU IMPORTE LA DIFFICULTÉ, ON EST LÀ POUR FONCER !!
OUI !
WOUAIS !!
LET'S GO !!

LES ABRUTIS !
ILS SE RÉJOUISSENT D'AVOIR PASSÉ LE PREMIER NIVEAU !
ILS NE SE DOUTENT PAS DU DANGER QUI LES ATTEND À LA PROCHAINE ÉTAPE !
ENFIN, ILS RÉSISTENT MIEUX QUE PRÉVU !
ÇA VALAIT LA PEINE D'INVESTIR DANS CE PARC !
AU MOINS, J'EN AI POUR MON ARGENT !
YÛGI ET SA BANDE VIENNENT DE QUITTER LA "SPACE ZONE" DU "DEATH-T ONE".
DANS CINQ SECONDES, ILS VONT ARRIVER DANS L'ÉTAPE SUIVANTE !
HE HE HE ...
MAIS...
VONT-ILS SURVIVRE À "L'HORROR ZONE" DU "DEATH-T 2" ?
HÉ !
!!

ÇA COM-MEN-CE ICI...
LE "DEATH-T 2" !!!
GROOO
DEATH-T
...
J'AI PEUR ...
L'AMBIANCE N'EST PLUS VRAIMENT LA MÊME...
ÇA COMMENCE À ME FAIRE FROID DANS LE DOS...!

BREF ! ON DOIT CONTI-NUER !
OUI !
ANZU, PASSE DEVANT !
T'AVAIS L'AIR PLUS EN FORME TOUT À L'HEURE !
EUH... JE...
JE DÉTESTE CE GENRE D'AM-BIANCE...
BIEN-VENUE À "HORROR ZONE" !
GLOUPS
iRPS
ZOOOMB
NIARK NIARK NIARK ...
ZOMB
GYAAARPS
ENFIN, ENFIN...
SI VOUS CRIEZ POUR SI PEU... VOUS N'ALLEZ PAS SURVIVRE LONGTEMPS... NIARK NIARK...
AH... ABRU-TI !!
TU M'AS SUR-PRIS PAR DER-RIÈRE !!
JE SUIS LÀ POUR VOUS GUIDER SUR LA PROCHAINE ÉPREUVE...
VEUILLEZ ME SUIVRE...
C'EST LE DOMESTIQUE QUI ÉTAIT AU CHÂTEAU !
AH OUI, C'EST VRAI !
BOM
BOM

UHUMM... VOILÀ...
REGARDEZ TOUS.
ZUUUUM
HUM ?
QUOI ?! C'EST QUOI CET ENGIN ?
VOUS ALLEZ PARTIR POUR UN "RIDE" À BORD DE CE WAGONNET... NOUS ALLONS NOUS DIRIGER VERS UN AUTRE LIEU...!
IL FAUT MONTER LÀ-DESSUS ?!
C'EST LA MAISON FANTÔME !
ET CE LIEU ? C'EST OÙ ?
VOUS ALLEZ RAPIDEMENT COMPRENDRE !
ON N'A PAS D'AUTRE CHOIX QUE DE MONTER SUR CE TRUC !
JE MONTE SUR LES GENOUX D'ANZU !
KYA KYA

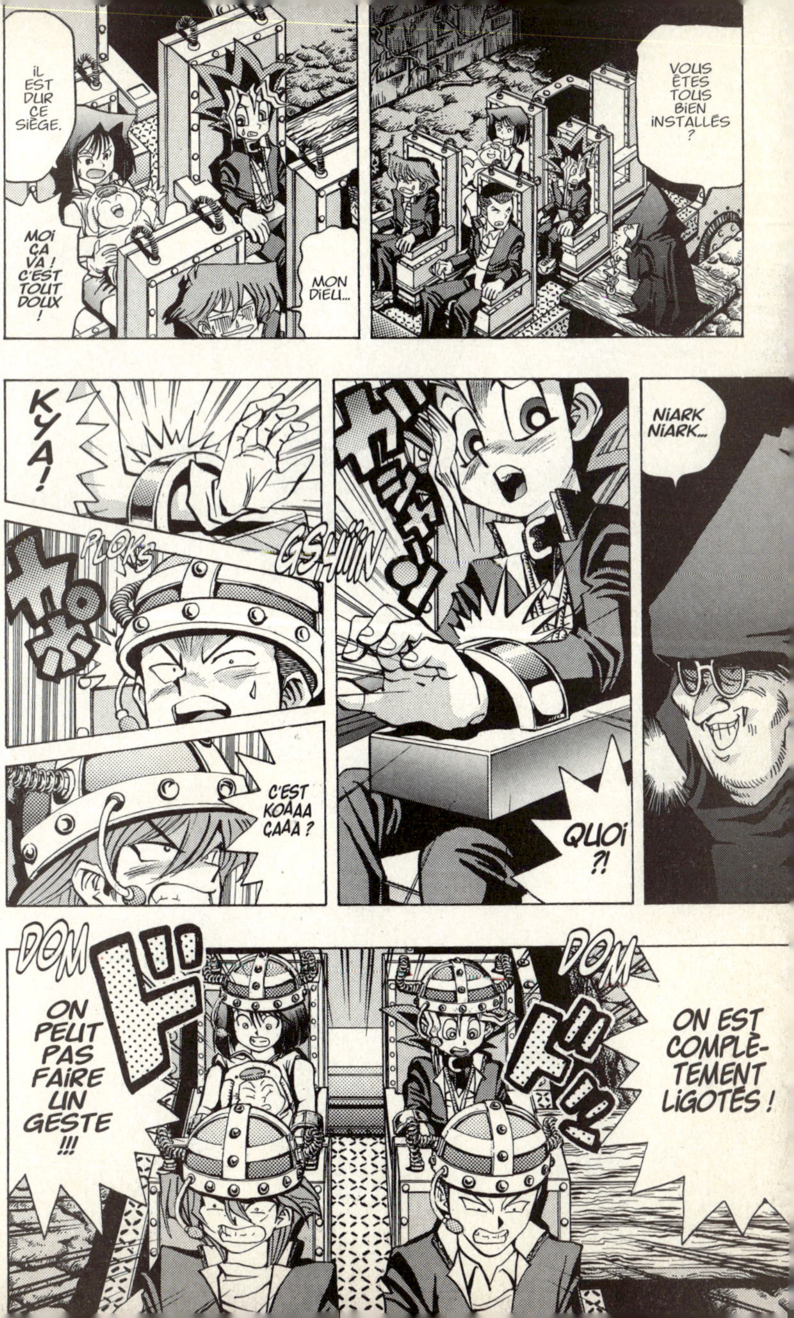
VOUS ÊTES TOUS BIEN INSTALLÉS ?
IL EST DUR CE SIÈGE.
MOI ÇA VA ! C'EST TOUT DOUX !
MON DIEU...
NIARK NIARK...
KYA !
GSHIIIN
PLOKS
C'EST KOAAA ÇAAA ?
QUOI ?!
DOM
DOM
ON EST COMPLÈ-TEMENT LIGOTÉS !
ON PEUT PAS FAIRE UN GESTE !!!

HE, TOI !!!
QU'EST-CE QUE TU VEUX FAIRE DE NOUS ?!
HO HO HO...
LE JEU DE LA MORT VA COMMENCER...
GROOO
LE JEU DE LA MORT ?
JE VAIS DIRE OÙ CE WAGONNET VA VOUS EMMENER...
IL VA VOUS CONDUIRE AU "MANOIR DU TUEUR"...
CE PARC A POUR THÈME LA MORT... LE MANOIR EST L'UN DES MOMENTS PHARES DE CE PARC...
GLOUPS
LE MANOIR DU TUEUR !!
AVANT D'Y ARRIVER, VOUS AUREZ DROIT AU MINI-JEU, LE "RIDE" SAUVAGE EN CHAISE ÉLECTRIQUE.
AVEC UN PEU DE CHANCE, VOUS ARRIVEREZ MORTS AU MANOIR... NIARK NIARK...
UN "RIDE" EN CHAISE ÉLEC-TRIQUE !!!

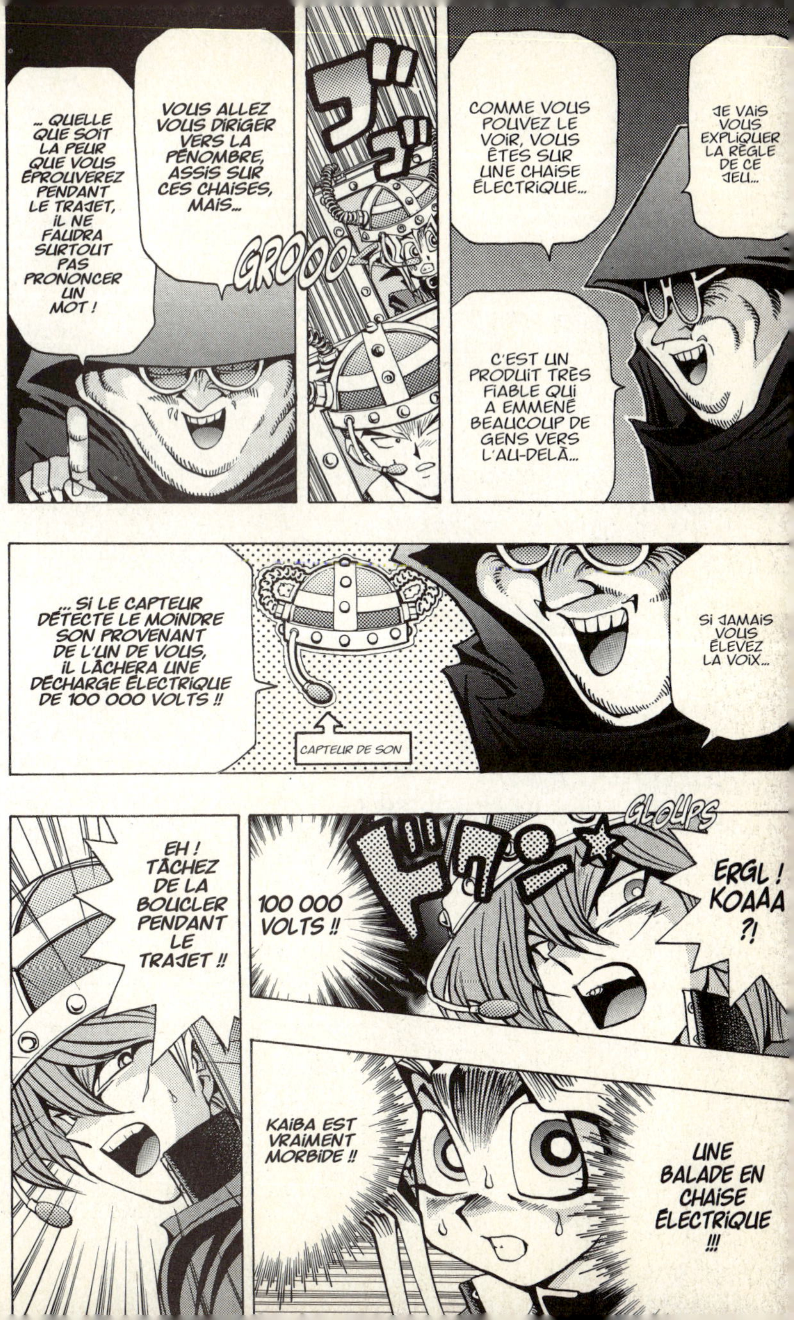
JE VAIS VOUS EXPLIQUER LA RÈGLE DE CE JEU...
COMME VOUS POUVEZ LE VOIR, VOUS ÊTES SUR UNE CHAISE ÉLECTRIQUE...
C'EST UN PRODUIT TRÈS FIABLE QUI A EMMENÉ BEAUCOUP DE GENS VERS L'AU-DELÀ...
GROOO
VOUS ALLEZ VOUS DIRIGER VERS LA PÉNOMBRE, ASSIS SUR CES CHAISES, MAIS...
... QUELLE QUE SOIT LA PEUR QUE VOUS ÉPROUVEREZ PENDANT LE TRAJET, IL NE FAUDRA SURTOUT PAS PRONONCER UN MOT !
SI JAMAIS VOUS ÉLEVEZ LA VOIX...
... SI LE CAPTEUR DÉTECTE LE MOINDRE SON PROVENANT DE L'UN DE VOUS, IL LÂCHERA UNE DÉCHARGE ÉLECTRIQUE DE 100 000 VOLTS !!
CAPTEUR DE SON
GLOUPS
ERGL ! KOAAA ?!
100 000 VOLTS !!
EH ! TÂCHEZ DE LA BOUCLER PENDANT LE TRAJET !!
UNE BALADE EN CHAISE ÉLECTRIQUE !!!
KAIBA EST VRAIMENT MORBIDE !!

JÔNO-UCHI ! C'EST TOI QUI NOUS INQUIÈTES LE PLUS !
JE SAIS...
OUIIIN, JE VEUX RENTRER À LA MAISON !!
ANZU ...
C'EST DE MA FAUTE, SI VOUS ÊTES TOUS LÀ...
ANZU, JE SUIS DÉSOLÉ...
YUGI...
PSHI
ANZU, NE T'IN-QUIÈTE PAS !!
JE SUIS LÀ POUR TE PROTÉGER !!!
C'EST L'OCCASION RÊVÉE DE CONQUÉRIR SON CŒUR !
KRE KRE...
GRR...
JE VAIS VOUS GUIDER, MAIS JE VAIS AUSSI PARTICIPER AU JEU !!
KTCHAC
BIEN ENTENDU, SI JE PARLE, JE RECEVRAI ÉGALE-MENT UNE DÉCHARGE ÉLECTRI-QUE !
JE SUBIS LES MÊMES CONDITIONS QUE VOUS !
VOUS ÊTES PRÊTS ?
...

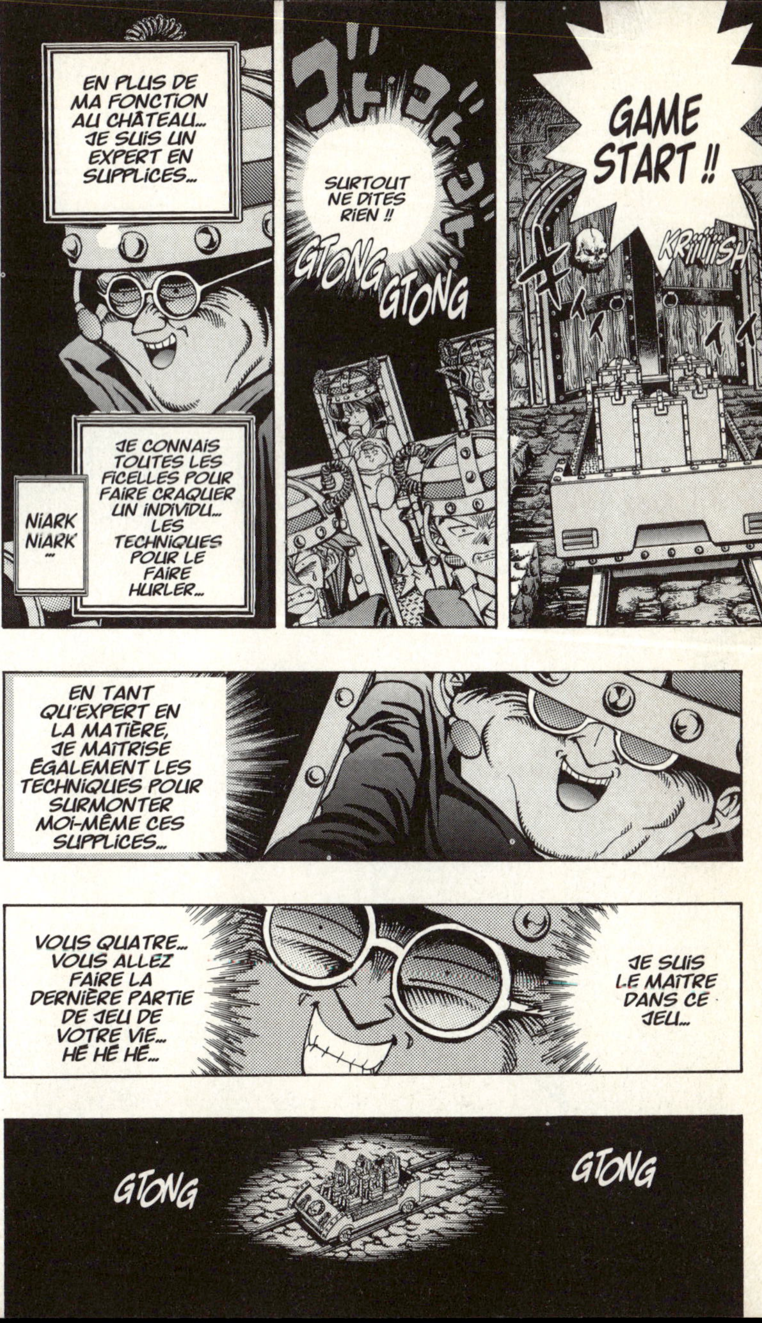
GAME START !!
KRIIIISH
SURTOUT NE DITES RIEN !!
GTONG GTONG
EN PLUS DE MA FONCTION AU CHÂTEAU... JE SUIS UN EXPERT EN SUPPLICES...
JE CONNAIS TOUTES LES FICELLES POUR FAIRE CRAQUER UN INDIVIDU... LES TECHNIQUES POUR LE FAIRE HURLER...
NIARK NIARK ...
EN TANT QU'EXPERT EN LA MATIÈRE, JE MAÎTRISE ÉGALEMENT LES TECHNIQUES POUR SURMONTER MOI-MÊME CES SUPPLICES...
JE SUIS LE MAÎTRE DANS CE JEU...
VOUS QUATRE... VOUS ALLEZ FAIRE LA DERNIÈRE PARTIE DE JEU DE VOTRE VIE... HÉ HÉ HÉ...
GTONG
GTONG

GTONG
GTANG
GTONG
GTONG
ON VA COMMENCER PAR LA PREMIÈRE FRAYEUR...
HE HE HE...

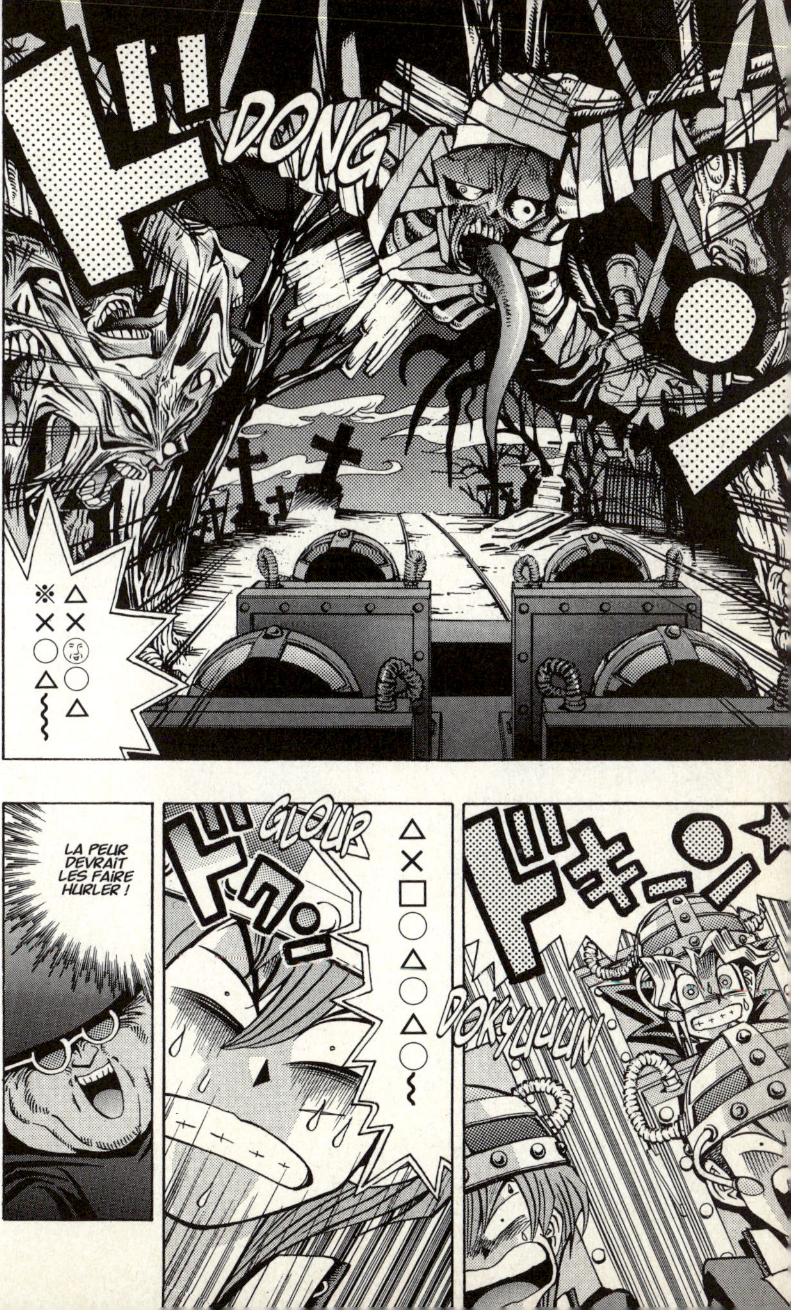
DONG
LA PEUR DEVRAIT LES FAIRE HURLER !
GLOUP
DOKYUUUN

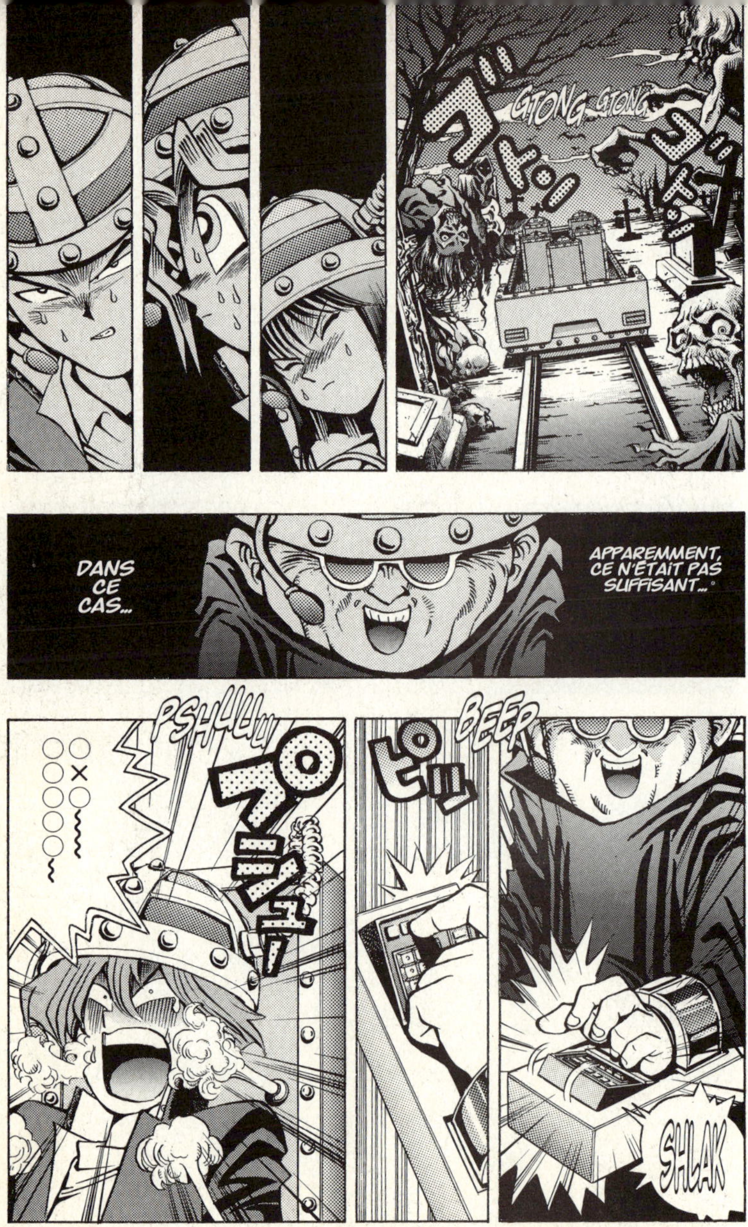
GTONG GTONG
APPAREMMENT, CE N'ÉTAIT PAS SUFFISANT...
DANS CE CAS...
BEEP
SHLAK
PSHUUUU

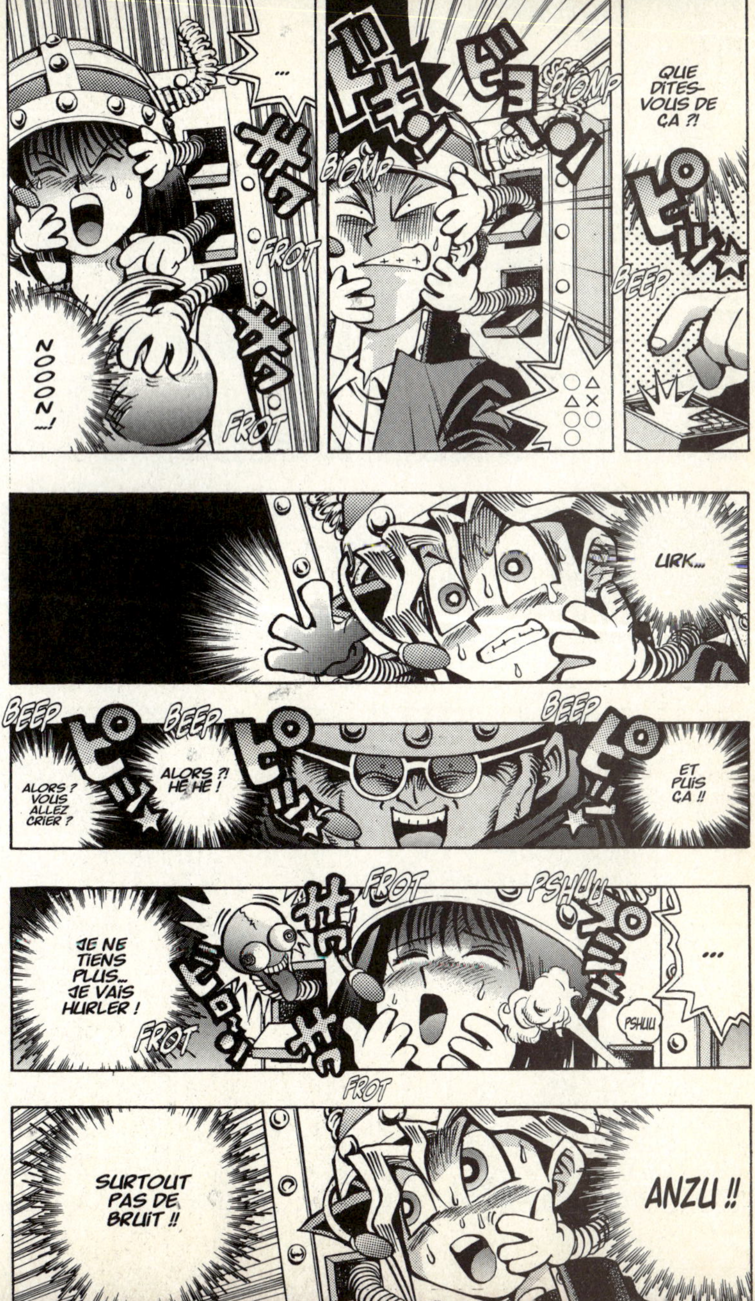

QUE DITES-VOUS DE ÇA ?!
BEEP
BIOMP
BIOMP
FROT
...
NOOOON...!
FROT
URK...
ET PUIS ÇA !!
BEEP
ALORS ?! HE HE !
BEEP
ALORS ? VOUS ALLEZ CRIER ?
BEEP
...
PSHUU
PSHUU
FROT
JE NE TIENS PLUS... JE VAIS HURLER !
FROT
FROT
ANZU !!
SURTOUT PAS DE BRUIT !!

JE PEUX PLUS...
AH...
ANZU !!
LES TROIS AUTRES PEUVENT SE FAIRE GRILLER...
MAIS ANZU, JE DOIS LA SAUVER !
BAM
JE DOIS ASSURER SUR CE COUP !!
AH... JORGIE !!
IL EST SEUL À ÊTRE LIBRE DE SES MOUVEMENTS !
JE CROIS QU'ON EST OBLIGÉS DE COMPTER SUR LUI !
JE VAIS EN RAJOUTER !
JE DOIS LES FAIRE HURLER !
BEEP
WA HA HA !
J'AI UN PLAN SECRET !!!

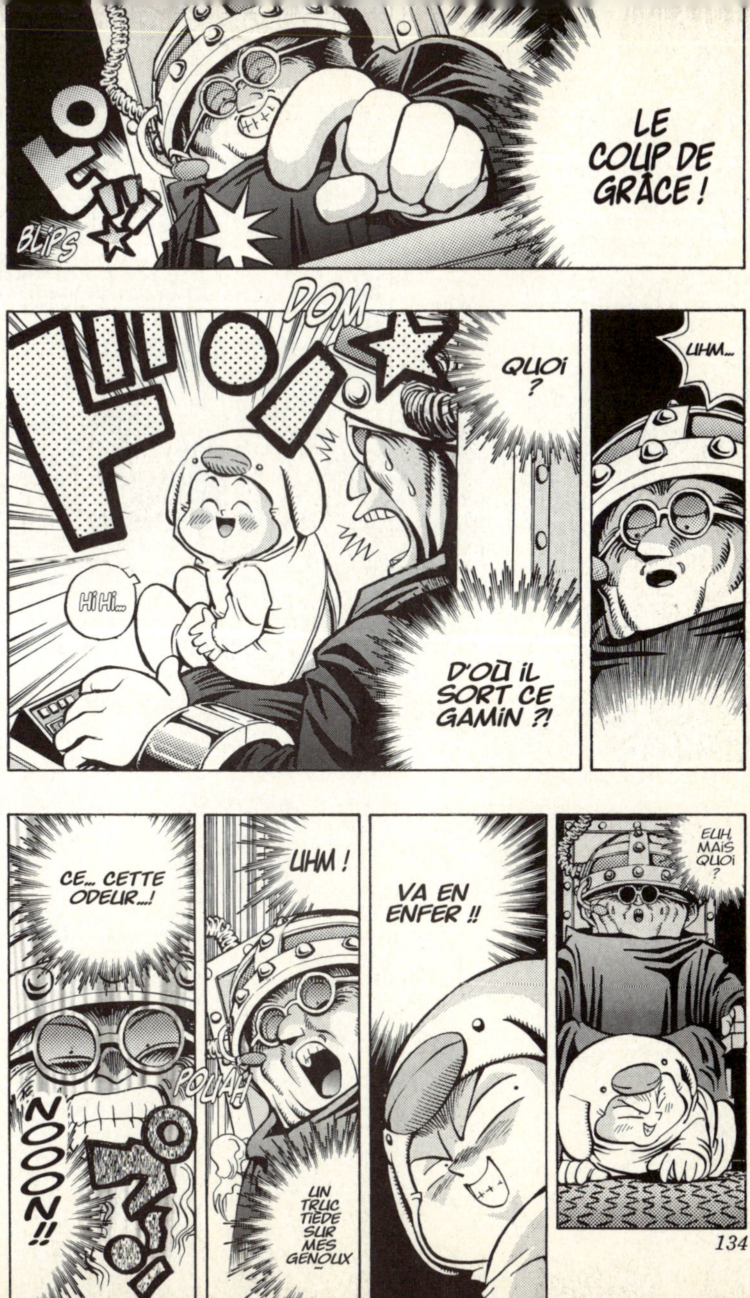
BLIPS
LE COUP DE GRÂCE !
UHM...
DOM
QUOI ?
Hi Hi...
D'OÙ IL SORT CE GAMIN ?!
EUH, MAIS QUOI ?
VA EN ENFER !!
UHM !
POUAH
UN TRUC TIÈDE SUR MES GENOUX...
CE... CETTE ODEUR...!
NOOOON !!

UH...
PLOF
UWEEEEERS!!!
GYAAAAAAW
BZZZZ
BZZZZ
BZZZZ
BABY ! QUAND J'SUIS AMOUREUX, JE RISQUERAIS MA VIE POUR ELLE !
HE !
EHE HE HE
ANZU, ÇA Y EST, LE DANGER EST ECARTE !!
ETON-NANT ! IL S'EST DEBAR-RASSE DE LUI TOUT SEUL !
IL EST DEMENT ...!

GROO GTONG
PFFH ! ON EST ARRIVÉS !
ON PEUT ENFIN PARLER !
YUGI !
ANZU, ÇA VA ?
UHM...
OUI.
JÔNO-UCHI...
!!
IL S'EST ÉVANOUI !!
C'EST PEUT-ÊTRE ÇA QUI NOUS A SAUVÉ LA VIE...
UHM... MMH...
CE NE SONT QUE DES BONS À RIEN !
...
J'SUIS D'ACCORD.
GYAAAAAA...
ÇA Y EST, LE JEU EST TERMINÉ...

UHM ?
C'EST ÇA...
OUI, C'EST LA PROCHAINE ÉTAPE !
GROOO
PSS PSS
J'EN AI MARRE ...
FHH... ALLEZ, VENEZ ! ENTREZ DANS LE MANOIR DU TUEUR...

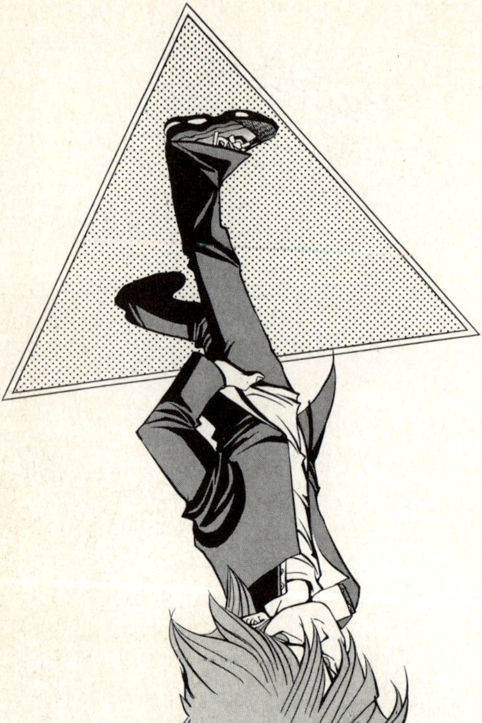

Battle 31
LE MANOIR DU TUEUR

GROOO
C'EST ÇA, LE MANOIR DU TUEUR ?!
IL EST BIEN SINISTRE !!
LA PROCHAINE ÉTAPE !!
QUEL GENRE DE PIÈGE DÉMONIAQUE IL A BIEN PU PLACER...?
!
BDOM

QU'EST-CE QUE C'EST ?
BDOM
BDOM
BDOM
BDOM
!!
IL Y A UNE CHOSE QUI FRAPPE DANS MA POCHE ?!
BDOM
BDOM
AH !
BDOM
UNE CARTE !
C'EST LA CARTE DE PAPY QUI TRANSMET DES BATTEMENTS !!
BDOM
BDOM
PAPY !
YUGI, EXPLIQUE-TOI !
QU'EST-CE QU'IL Y A ?

C'EST MA CARTE QUI ME L'A APPRIS...!
!!
PAPY EST EN DANGER !
COMMENT ?!
PAPY, ATTENDS-MOI !
BDOM
GRÂCE À TA CARTE, JE BATTRAI KAIBA !
ON PEUT PAS RESTER COMME ÇA !
ON TRACE !!
OUAIS, ON Y VA !
ON VA SE MAGNER DE PASSER CETTE ÉPREUVE !
ALLEZ, ON ENTRE TOUS !

VLAF
C'EST TELLEMENT POUSSIÉREUX QUE J'EN AI LA GORGE IRRITÉE...
IL FAIT TROP SOMBRE, ON DEVRAIT ATTENDRE QUE NOTRE VUE S'HABITUE !

BTAM
ELLE S'EST FERMÉE TOUTE SEULE !
!
QUOI ? ON EST ENFERMÉS ?
C'EST FERMÉ À CLÉ !
OUI, C'EST FERMÉ À CLÉ.
GTCHA GTCHA
MERDE !
Y A RIEN À FAIRE !
PERSONNE N'A UNE AIGUILLE OU UN TRUC LONG ?
ON DEVRAIT POUVOIR CROCHETER LA SERRURE...
TU AS DES CONNAISSANCES BIEN LOUCHES...
HÉ, JÔNOUCHI ! TU FAIS QUOI SI TU ARRIVES À OUVRIR CETTE PORTE ?
C'EST LA SORTIE QU'IL FAUT CHERCHER ! CRÉTIN !
GRR... LE MORVEUX...
JORGIE A RAISON.
POUR AVANCER, IL FAUT QU'ON TROUVE LA SORTIE !
ON VA TOUS SE SÉPARER POUR CHERCHER !

blood
UHM ...!
blood
C'EST QUOI CE PAPIER...
IL Y A UN TRUC ÉCRIT...
"BLOOD" ...?!
blood
LE SANG ? MAIS POURQUOI ...?
C'EST BIEN SINIS-TRE...
IL N'Y A PAS DE SORTIE DANS CETTE BARAQUE !
SI ON ALLAIT VOIR LÀ-HAUT ?
OUAIS !
L'ESCALIER EST BOUCHÉ !
Y A PAS D'ÉTAGE !

WUOM
HE HE ...
KAÏBA !!
BIEN-VENUE AU MANOIR DU TUEUR !
IL FLOTTE DANS LES AIRS !
C'EST UNE IMAGE HOLO-GRA-PHIQUE !
!!
VOUS AVEZ L'AIR DE CHERCHER LA SORTIE ? VOUS AVEZ TROUVÉ ?
SI VOUS NE TROUVEZ PAS RAPIDEMENT LA SORTIE, ÇA VA ÊTRE TERRIBLE !

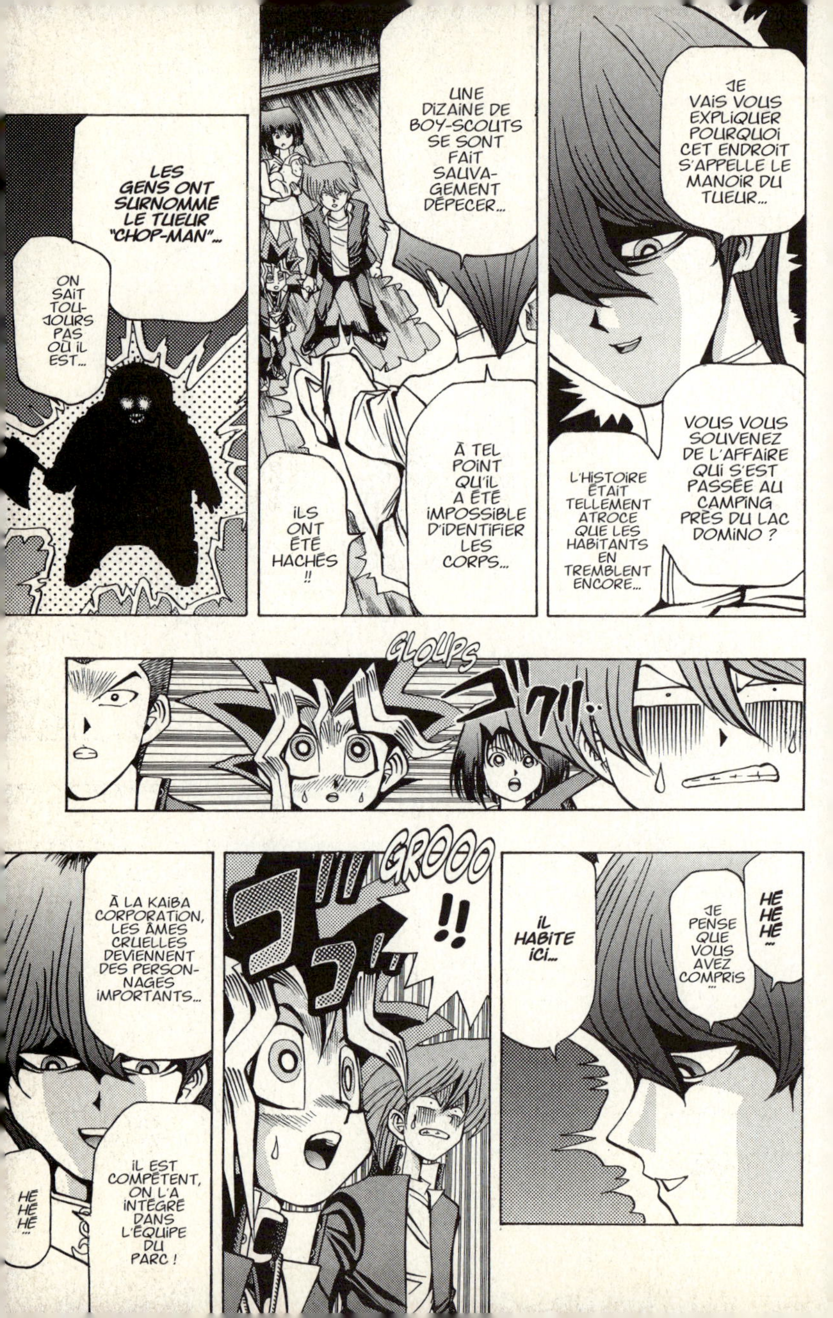
JE VAIS VOUS EXPLIQUER POURQUOI CET ENDROIT S'APPELLE LE MANOIR DU TUEUR...
VOUS VOUS SOUVENEZ DE L'AFFAIRE QUI S'EST PASSÉE AU CAMPING PRÈS DU LAC DOMINO ?
L'HISTOIRE ÉTAIT TELLEMENT ATROCE QUE LES HABITANTS EN TREMBLENT ENCORE...
UNE DIZAINE DE BOY-SCOUTS SE SONT FAIT SAUVAGEMENT DÉPECER...
À TEL POINT QU'IL A ÉTÉ IMPOSSIBLE D'IDENTIFIER LES CORPS...
ILS ONT ÉTÉ HACHÉS !!
LES GENS ONT SURNOMMÉ LE TUEUR "CHOP-MAN"...
ON SAIT TOUJOURS PAS OÙ IL EST...
GLOUPS
HE HE HE...
JE PENSE QUE VOUS AVEZ COMPRIS...
IL HABITE ICI...
GROOO !!
À LA KAIBA CORPORATION, LES ÂMES CRUELLES DEVIENNENT DES PERSONNAGES IMPORTANTS...
IL EST COMPÉTENT, ON L'A INTÉGRÉ DANS L'ÉQUIPE DU PARC !
HE HE HE...

EST-CE QUE VOUS ALLEZ RÉUSSIR À SORTIR D'ICI SANS TOMBER SUR "CHOP-MAN" ?
HA HA HA !!!
URPS ...
ÇA SERAIT INJUSTE DE NE PAS VOUS DONNER D'INDICE...
JE VAIS VOUS DONNER UN INDICE POUR TROUVER LA SORTIE !
OBSERVEZ BIEN LE MUR DERRIÈRE VOUS...
!!
00
01
10
11
C'EST QUOI ?! IL Y A QUATRE TROUS DANS LE MUR !!

IL Y A UN CHIFFRE AU-DESSUS DE CHACUN DES TROUS !
00, 01, 10, 11 ?!? ...!?!
AU FOND DES TROUS, IL Y A UN INTER-RUP-TEUR.
EN APPUYANT SUR LE BON BOUTON, ON DEVRAIT VOUS INDIQUER LA SORTIE.
ALLEZ ! COURAGE ! METTEZ VOS MAINS DEDANS !
URH...
C'EST UN PIÈGE ! IL DOIT Y AVOIR UN TRUC !
ÇA CRAINT...
ON A POURTANT BIEN CHERCHÉ...
ON N'A PAS TROP LE CHOIX !
YÛGI, TU ME PARAIS BIEN SUSPICIEUX !
HI HI
IL N'Y A PAS D'AUTRE SOLUTION QUE D'ESSAYER LES INTERRUP-TEURS !

ガシャーン☆
GSHAAAN
KOA...
パ
FLAP
MON BRAS EST BLOQUE !!!
KYA!
MAIS, C'EST ...?!

UNE GUILLO-TINE !!
ZRUUU
ZRRRU
HA HA, GAME START !!!
SUR LES QUATRE INTERRUPTEURS, IL N'Y EN A QU'UN SEUL DE BON. SI VOUS VOUS TROMPEZ, LA LAME VOUS SECTIONNERA LES BRAS !
VOUS N'AVEZ QUE CINQ MINUTES ...
VOUS AVEZ COMPRIS ? VOUS N'AVEZ DROIT QU'À UN SEUL ESSAI...!
L'OR-DURE...!
GROOO
HE HE... L'INDICE EST CACHE DANS CETTE PIÈCE...
BONNE CHANCE !!!
VLU

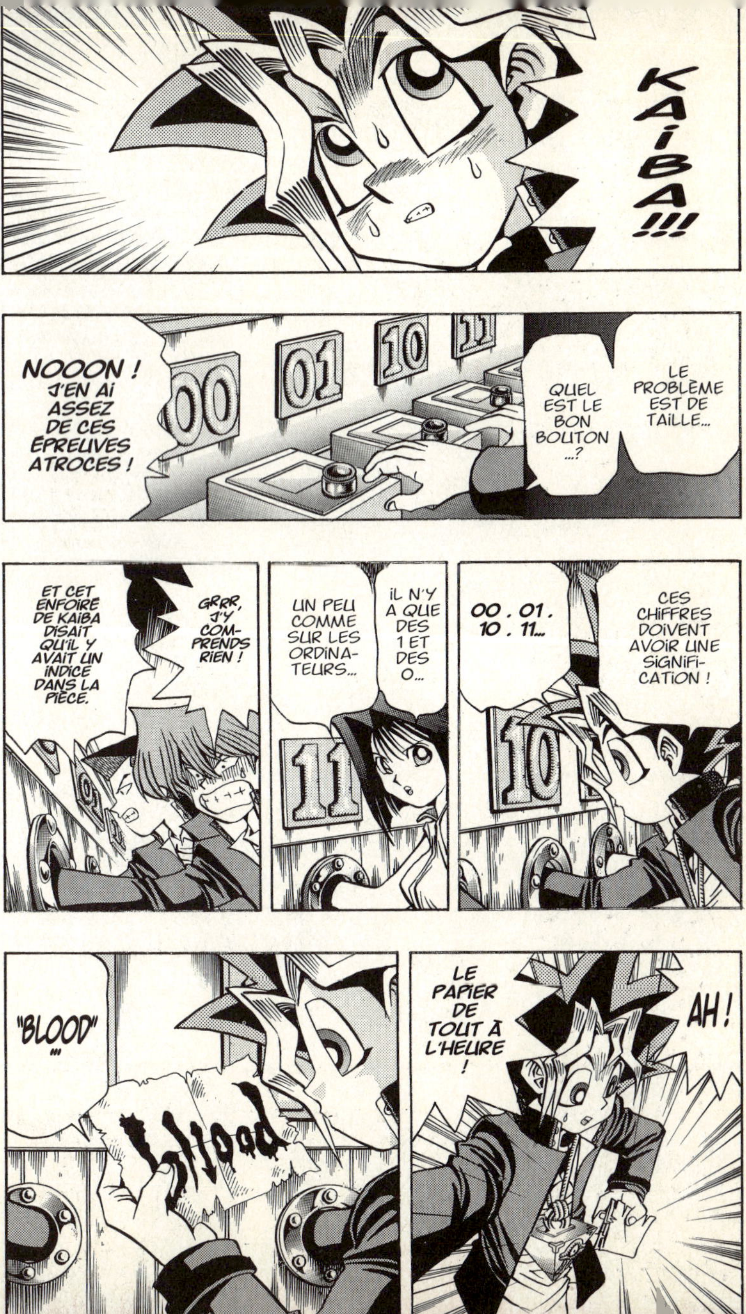
KAIBA!!!
LE PROBLÈME EST DE TAILLE...
QUEL EST LE BON BOUTON ...?
NOOON ! J'EN AI ASSEZ DE CES ÉPREUVES ATROCES !
CES CHIFFRES DOIVENT AVOIR UNE SIGNIFICATION !
00 . 01 . 10 . 11...
IL N'Y A QUE DES 1 ET DES 0...
UN PEU COMME SUR LES ORDINATEURS...
GRRR, J'Y COMPRENDS RIEN !
ET CET ENFOIRÉ DE KAIBA DISAIT QU'IL Y AVAIT UN INDICE DANS LA PIÈCE.
AH !
LE PAPIER DE TOUT À L'HEURE !
"BLOOD"...
blood

CE PAPIER EST BIEN LOUCHE !
JE L'AI TROUVÉ DANS LA PIÈCE.
DRÔLE D'ÉCRITURE...
OUI, ET ALORS QUOI ?
"BLOOD"... LE SANG ?
...
HUMM...
YÛGI, TU ES LE SEUL À POUVOIR RÉSOUDRE CETTE ÉNIGME !
DES CHIFFRES À LA CON ET UN MOT SUR UN BOUT DE PAPIER ! JE DÉTESTE CE GENRE D'ÉNIGME !
"BLOOD"...
BL...
blood
UHM ?!

CE MOT EST CURIEUX !
IL Y A UNE FAUTE !
IL N'Y A QU'UN SEUL "L" À "BLOOD" !
blood
EH ! IL RESTE QUE DEUX MINUTES !!
...
FUAAAW ...
YÛGI !!!
MAGNE-TOI !

NON, JE NE COMPRENDS PAS...
L'ENFOIRE DE KAIBA...
PAPY ...!!
KASH
PAPY M'ATTEND !!
YÛGI, ON N'A PLUS LE TEMPS !!!
JE DOIS TOUS LES SAUVER !!
ÇA Y EST, C'EST FINI !!
GROOOOOOOW
LA LAME ! ELLE VA...!!

MAIS OUI !
!!
FLASH
ANZU ! C'EST LE ONZE !!
APPUIE SUR LE BOUTON !!!
HEIN ...
GROOO
TCHIC
...
J'AI COMPRIS !!

GLAN
...
C'EST LA BONNE RÉPONSE !!!
LA LAME S'EST ARRÊTÉE !
GTCHAC
YEEEES !!
BIEN JOUÉ, YÛGI !!!
PFFH...
COMMENT AS-TU FAIT ?

J'ÉTAIS CONCENTRÉ SUR LA SIGNIFICATION DU MOT "BLOOD" !
MAIS EN FAIT, C'ÉTAIT LA FORME QUI ÉTAIT IMPORTANTE !
CE MOT N'EST FAIT QUE DE 1 ET DE 0 !
bllood
|0||000|
10 11 00 01
TU VOIS ?
REGARDE LA LETTRE "L" DU MOT...
blood
IL Y A UNE FLÈCHE VERS LE BAS !
J'AI COMPRIS QUE ÇA VOULAIT DIRE QUE LA SORTIE ÉTAIT VERS LE BAS !
C'EST AUSSI POUR ÇA QUE LE CHIFFRE 11 D'ANZU ÉTAIT LE BON !
ZDOM
TU NOUS ÉPATERAS TOUJOURS !!
YUGI A VU JUSTE, LA SORTIE EST VERS LE BAS !
EXIT

SUPER ! ON PEUT SE TIRER D'ICI !
DOF
JE ME SUIS BIEN ENNUYÉ...
EXIT
KYiiii
EXIT
BOU !
GROOO
GROO

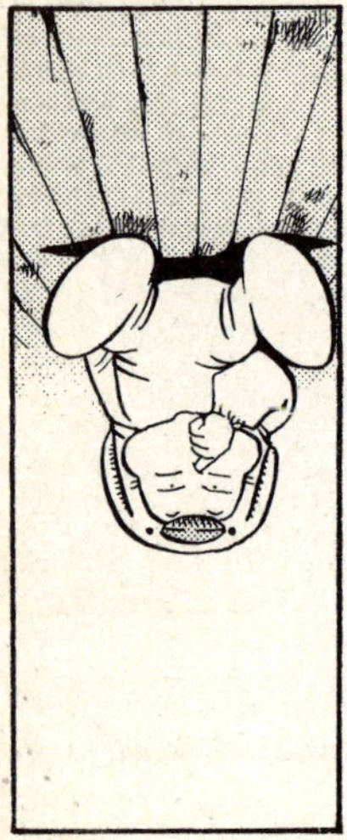

Battle 32 LE "DEATH MATCH" LA MALÉDICTION DE LA CHAÎNE !!

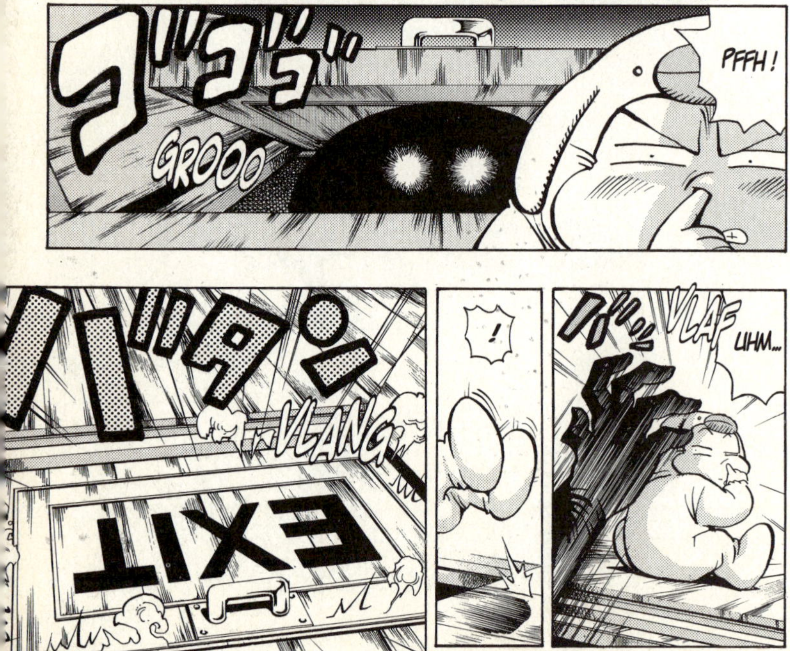

JORGLE ...?
IL VIENT DE SE FAIRE ENTRAÎNER PAR LA TRAPPE !!
ZRUUU
ZRUUU
EXIT
Battle 32
LE "DEATH MATCH" LA MALÉDICTION DE LA CHAÎNE !!

SI ÇA SE TROUVE, C'EST "CHOP-MAN" ?!
LA CRAIN-TE !
NOUS QUI CROYIONS QUE C'ÉTAIT LA SORTIE, EN FAIT C'EST LE REPAIRE DU TUEUR !
CE GAMIN ME TAPAIT SUR LES NERFS, MAIS...
ON NE PEUT PAS LE LAISSER COMME ÇA !
ON Y VA !
EXIT
KRYIIII
EXIT
EXIT
EH ! À L'AIDE !!
!
C'EST LA VOIX DE JORGIE !
ON VA DES-CEN-DRE !
FAITES BIEN ATTEN-TION !
JE PENSE QUE KAIBA A DÛ NOUS TENDRE UN AUTRE PIÈGE !

EH ! PAR ici !!!
AH !
VENEZ TOUS !!
VOUS QUATRE !!
COME ON !
JORGIE !
iL EST DANS LA CHAMBRE !
EH !
ÇA SENT LE PIÈGE ...
...
QUi EST AVEC TOi ?!
JORGIE, RÉPONDS-MOI SINCÈREMENT !!
PERSONNE, TOUT SEUL.
Y A PERSONNE.
JE CROIS AUSSI !!
J'AI PAS CONFIANCE EN CE GAMIN !
SÛR QUE C'EST UN PIÈGE !
VENEZ VITE À MON SECOURS !
iL ESSAIE DE NOUS ATTENDRIR !
ENCORE MOINS CONFIANCE...
iL EST BIEN CAPABLE DE NOUS TRAHIR TOUS !

GRR
PATRON ! ÎLS VEULENT PAS VENIR !
BLUUULUUU...
ÎL A PARLÉ À QUELQU'UN !
ÎL A DÉJÀ CHANGÉ DE CAMP...
BLUUU LUUU
ZRUUU
KRUU... QUE FAIRE ?
LE TUEUR EST DANS L'AUTRE PIÈCE !
VLUM
AH !
KAÏBA!!!
ENCORE SON ÎMAGE PROJETÉE !!

MAÎTRE KAIBA !
QU'EN DITES-VOUS ?
MES ANIMATIONS SONT BIEN FAITES, NON ?
KAIBA, JE SAIS PAS OÙ TU TE PLANQUES, MAIS...
... SI TU EN AS, VIENS DONC NOUS VOIR !
HE HE... MES JEUX PRÉFÉRÉS SONT LE JEU DE CARTES ET...
... LE JEU D'ÉCHECS...
POUR MOI, VOUS ÊTES DES PIONS VIVANTS SUR LE GRAND ÉCHIQUIER DE KAIBALAND !
JE VOUS OBSERVE D'EN HAUT...
JE PRENDS BEAUCOUP DE PLAISIR À VOUS MANIPULER !
!
POUR CE QUI EST DE LA SUITE...

... ÇA CONSISTE EN UN JEU AVEC "CHOP-MAN" !
L'UN DE VOUS DOIT ENTRER DANS LA CHAMBRE !
!!
UN JEU AVEC "CHOP-MAN" ?!
JE PENSE QUE VOUS NE POURREZ PAS ÉVITER CETTE ÉPREUVE !
CE GAMIN RISQUE DE SE FAIRE TORDRE LE COU !
!!
OUUUUUUUUUUU...
IL SUFFIT QUE JE LUI DEMANDE DE LE TUER POUR QU'IL LE FASSE !
IL N'OBÉIT QU'À MOI !
MAÎTRE ! C'EST UNE BLAGUE ?!
VOUS POUVEZ PAS ME FAIRE ÇA !
KAIBA ! NE TOUCHE PAS À CE GAMIN !
ALORS ? QUI VIENT TENTER SA CHANCE DANS LA CHAMBRE ?
À L'AIIIDE !!!

MERDE ! C'EST MOI QUI DOIS...
HONDA ! ATTENDS !!!
LAISSE-MOI Y ALLER !
JÔNO-UCHI !
CE MORVEUX M'A DÉJÀ SAUVÉ LA VIE !
ÇA NE ME FAIT PAS PLAISIR, MAIS J'AI UNE DETTE !!
BZIUUBZIUUU...
HÉ HÉ...
LE PION JÔNO-UCHI EST DÉJÀ PERDU !

GLANG
!!
JÔNO-UCHI !!
LA PORTE EST BLO-QUÉE !!
JÔNO-UCHI !
JE SAVAIS QUE TU VIEN-DRAIS !
DU CALME, J'AR-RIVE !
VITE ! SORS-MOI DE LÀ !
GLURP
C'EST QUOI, CE SOL ?
DU GOU-DRON ...?
ÇA COLLE AUX PIEDS !
KTCHAC
NE TE FÂCHE PAS...!
SANS ÇA, JE ME FAISAIS TUER !
C'EST KAIBA QUI ME L'A DEMAN-DÉ !
T'ES VRAI-MENT ...
... UNE SALO-PERIE !!

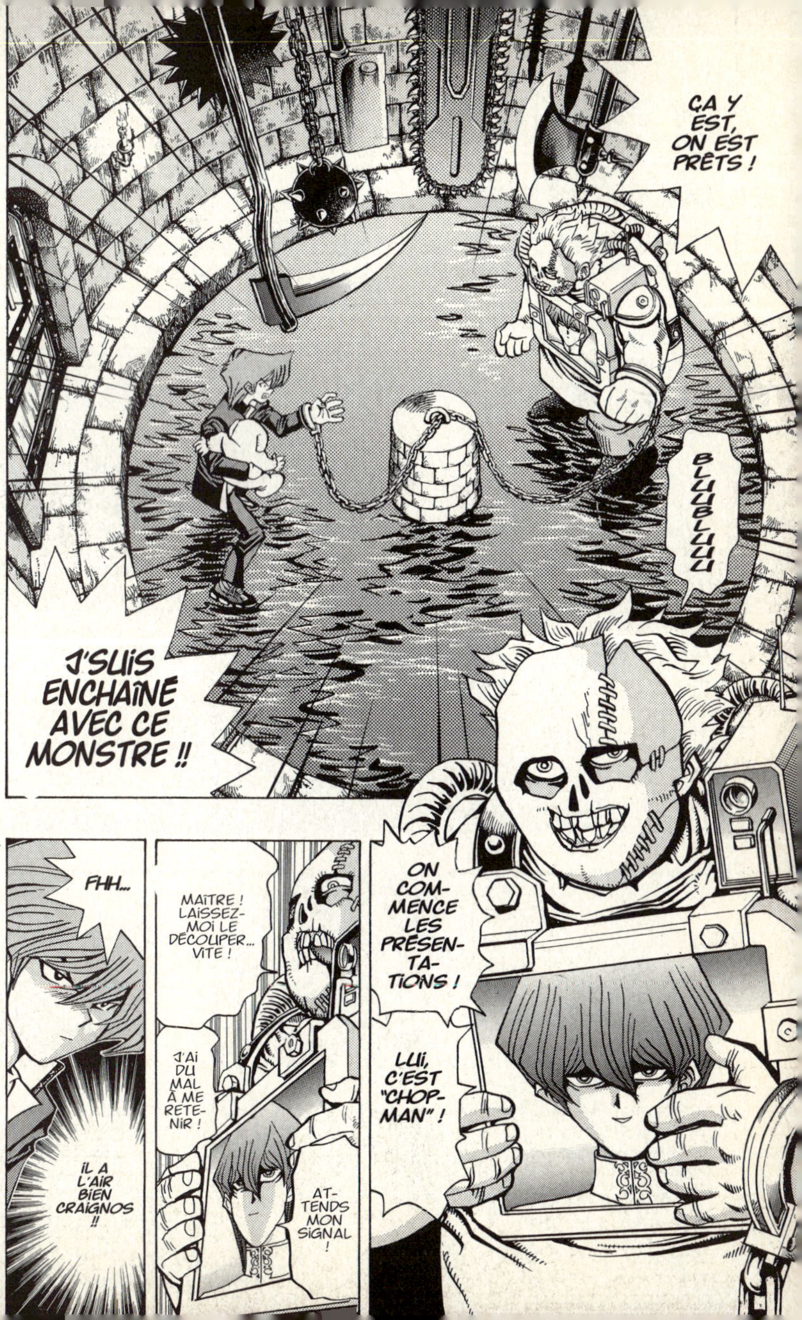
ÇA Y EST, ON EST PRÊTS !
BLUUBLUUU
J'SUIS ENCHAÎNÉ AVEC CE MONSTRE !!
ON COMMENCE LES PRÉSENTATIONS !
LUI, C'EST "CHOPMAN" !
MAÎTRE ! LAISSEZ-MOI LE DÉCOUPER... VITE !
J'AI DU MAL À ME RETENIR !
ATTENDS MON SIGNAL !
FHH...
IL A L'AIR BIEN CRAIGNOS !!

LA RÈGLE DU JEU EST TRÈS SIMPLE !!!
AU SIGNAL DE DÉPART, VOUS POUVEZ UTILISER CE QUE VOUS VOULEZ POUR TUER L'AUTRE !
LES ARMES SONT AU PLAFOND !
EN MONTANT SUR LE PILIER CENTRAL, VOUS POURREZ LES ATTRAPER !
ATTENTION DE NE PAS GLISSER SUR LE SOL !
URP...
JÔNOUCHI, ÇA CRAINT !
JÔNOUCHI !!
BLUUUUUU
GEHEHE HÉ, JE VAIS VOUS TUER !
MERDE...
IL FAUT QUE JE ME DÉBARRASSE DE CES MENOTTES...
AVEC UNE ÉPINGLE, ÇA SERAIT JOUABLE !
GAME START !!

GE HE HE HE...
AVEC QUOI VAIS-JE TE DÉCOUPER ?
CONTRE CE MEC, ÇA VA ÊTRE CHAUD !!
EH ! VOUS N'AVEZ RIEN DE POINTU ?!
ON VA CHERCHER !!
J'HÉSITE, JE SAIS PAS QUOI PRENDRE !
AVEC LES ARMES DU PLAFOND, ÇA PARAIT JUSTE...!
URPS...
SI J'ENLÈVE PAS ÇA, JE SUIS FOUTU !
NON ! ON N'A RIEN TROUVÉ !
JÔNO-UCHI !!
JE VAIS PRENDRE ÇA !!

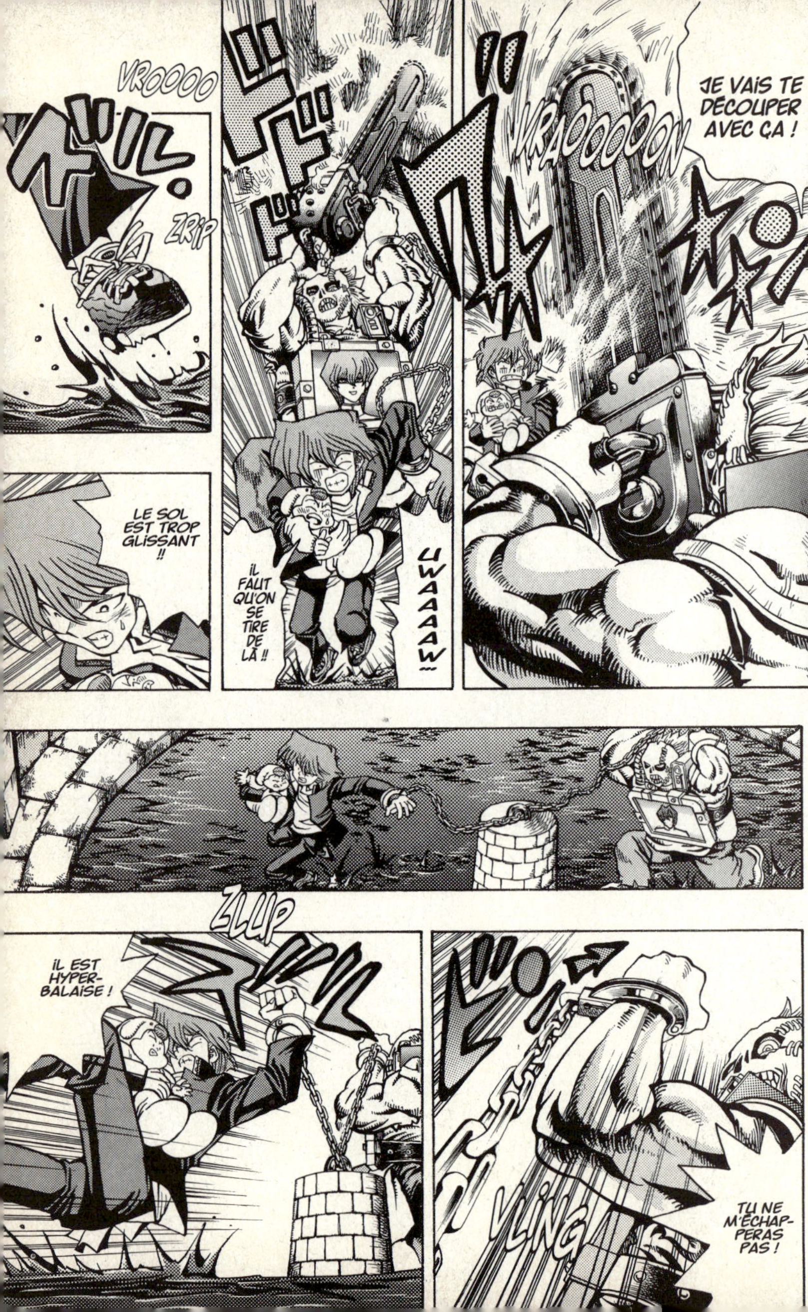
JE VAIS TE DÉCOUPER AVEC ÇA !
VRAOOOOON
IL FAUT QU'ON SE TIRE DE LÀ !!
UWAAAAAW
VROOOO
ZRIP
LE SOL EST TROP GLISSANT !!
TU NE M'ÉCHAPPERAS PAS !
VLING
ZLUP
IL EST HYPER-BALAISE !

JE T'ÉCLATE EN DEUX !!
JÔNO-UCHI !!
VRAOOOOOM
ZGRAAA
IPS...
URH... GURPS...
ZGRAAA
MA LAME EST COINCÉE !
JÔNO ! TIRE-TOI !!
CRÉTIN ! J'SUIS ENCHAÎNÉ !
S'IL TIRE SUR LA CHAÎNE, J'SUIS GRILLÉ !
ZGRAAA
ZGRAAA
GWEEERES...
TU AS RAI-SON...
TU N'ÉCHAP-PERAS PAS À "CHOPPY" !

ZGRAAA
Z'AR-RIVE PAS À RETIRER LA LAME !
VITE, ENLE-VER LES MENOT-TES !
PFFH...
Y A PAS ? Z'AVEZ PAS "KEK CHOSE" ?!!
UN TRUC POIN-TU, VITE !!
JÔNO-UCHI !
JÔNO-UCHI...
IL VA FINIR PAR SE FAIRE...
GROOO
KASH
JÔNO ! LÀ-BAS !!

VLAM
QUOI ...?
LE BOUGEOIR ?!
MAIS OUI...!
LA PARTIE POINTUE DU BOUGEOIR !
GTCHAA
ÇA DEVRAIT MARCHER !
GTCHAAC
ALLEZ ! DÉPÊCHE-TOI !
MÊME EN ENLEVANT LES MENOTTES...
... LA PORTE EST TROP ROBUSTE POUR QU'ON PUISSE SE TIRER...

J'AI UNE IDÉE !!
BON !
GROO
VRAOOOOOOOO
GWAHAHAHAHA...
!
ÇA Y EST, J'AI LIBÉRÉ LA LAME !!!
GWUHUHU
PAS LA PEINE DE TE CACHER !
JE VAIS TE DÉCAPITER !
VIENS PAR LÀ !!
VLUM

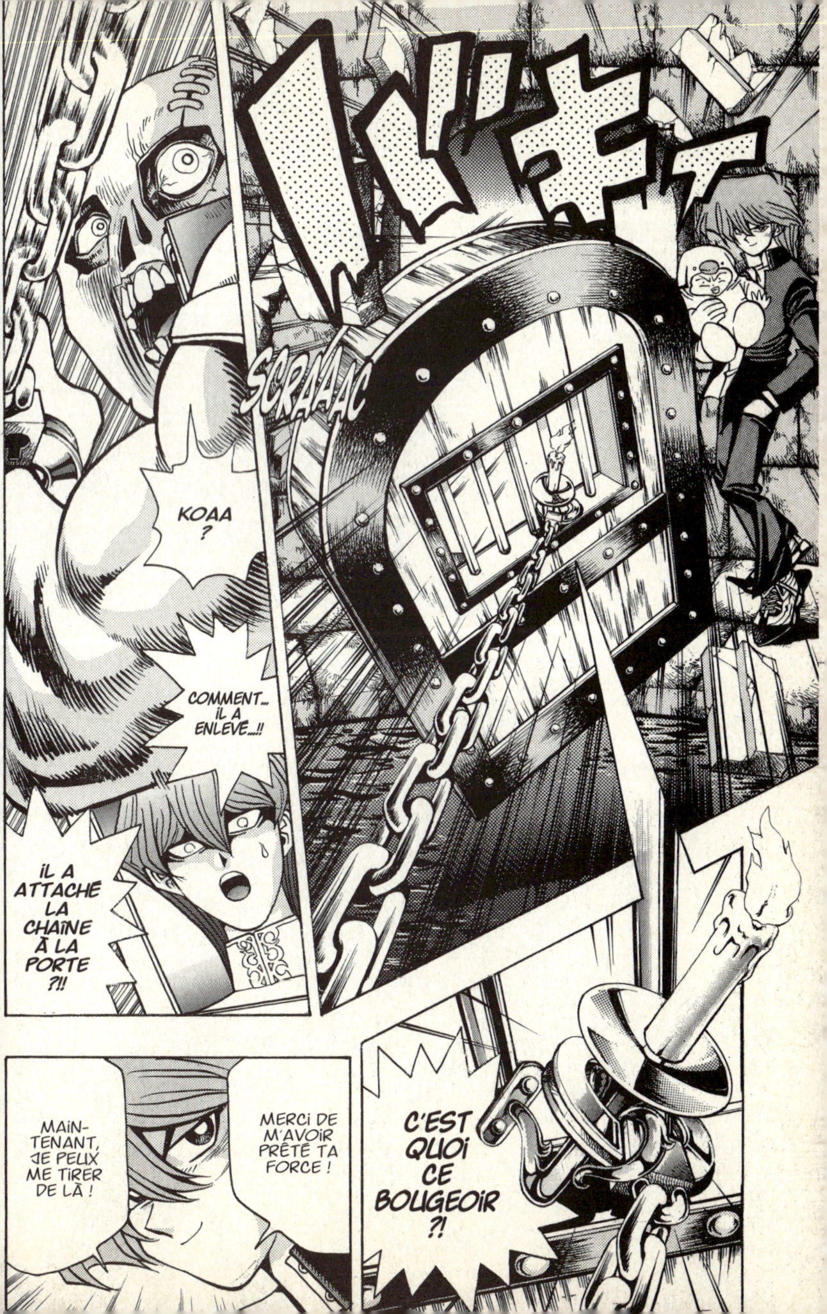
SCRAAAC
KOAA ?
COMMENT... IL A ENLEVÉ...!!
IL A ATTACHÉ LA CHAÎNE À LA PORTE ?!!
C'EST QUOI CE BOUGEOIR ?!
MERCI DE M'AVOIR PRÊTÉ TA FORCE !
MAIN-TENANT, JE PEUX ME TIRER DE LÀ !

Hiii...
BULOF
KAIBA ...
... TON TANDEM AVEC "CHOP-MAN"...
UNE PAIRE DE BONS À RIEN !
C'EST DOMMAGE, C'ÉTAIT BIEN ESSAYÉ !
GYAAAAAA
BROOO
BON, ON SE FAIT LA SUITE ?
JÔNO-UCHI, MERCI !
GRR ...

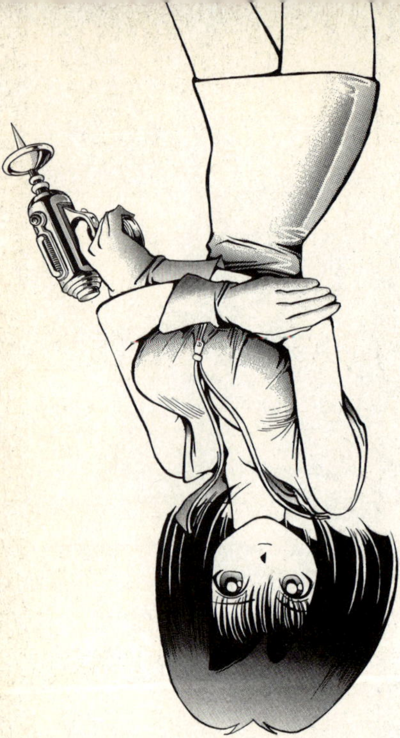

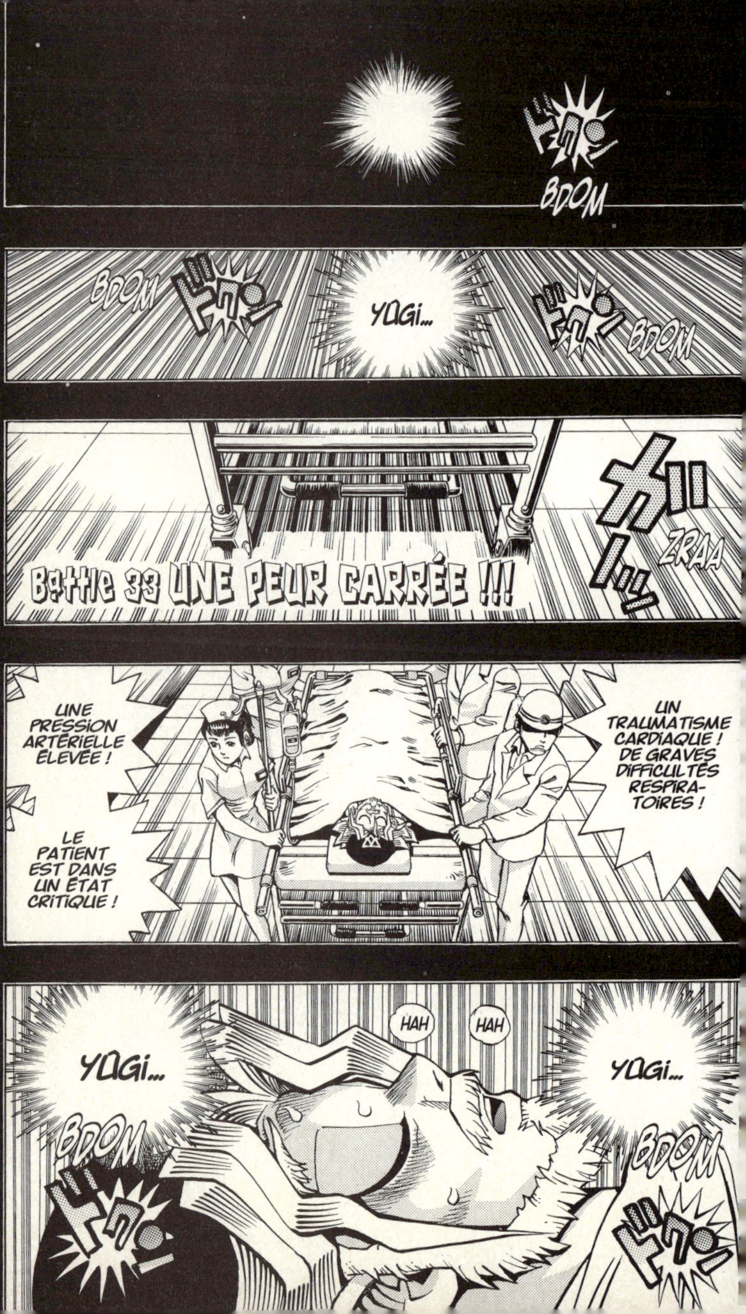
BDOM
BDOM
YÛGi...
BDOM
ZRAA
Battle 33 UNE PEUR CARRÉE !!!
UN TRAUMATISME CARDIAQUE ! DE GRAVES DIFFICULTÉS RESPIRA-TOIRES !
UNE PRESSION ARTÉRIELLE ÉLEVÉE !
LE PATIENT EST DANS UN ÉTAT CRITIQUE !
HAH
HAH
YÛGi...
BDOM
YÛGi...
BDOM

PAPY !!!
BDOM
BDOM
BDOM
BDOM
Battle 33 UNE PEUR CARRÉE !!!

PAPY...
LES BATTEMENTS TRANSMIS PAR LA CARTE S'ACCÉLÈRENT ...!!
BDOM
PAPY !!
BDOM
BDOM
POUR SAUVER LA VIE DE PAPY, JE DOIS BATTRE KAIBA AVEC CETTE CARTE !!
YUGI !
REGARDE, C'EST L'ENTRÉE DE LA PROCHAINE ÉPREUVE !
ON SE RAPPROCHE PROGRES-SIVEMENT DE CE SALOPARD !
OUI !
ON SE MAGNE !!!

LES VOILÀ DÉJÀ SUR "DEATH-T 3"...
EN Y RÉFLÉCHISSANT BIEN...
... JE COMMENCE À REGRETTER QUELQUE CHOSE...
JE CONSTATE QUE LEUR AMITIÉ EST LA CLÉ DE LEUR RÉUSSITE...
IL FAUT QUE JE TROUVE UN MOYEN DE SEMER LE TROUBLE DANS CETTE BANDE...
L'AMITIÉ EST UNE CHOSE SUPERFICIELLE...
À LA PREMIÈRE DIFFICULTÉ, L'HOMME EST CAPABLE DE LA TRAHIR !
LE "DEATH-T 3" DEVRAIT RÉVÉLER CES FAIBLESSES ! HA HA...

ZDASH
!!
DONG
DEATH T-3
C'EST L'ENTRÉE DU "DEATH-T 3" !!
ZRON ZRON
APRÈS L'HORROR ZONE, C'EST QUOI LA SUITE ?!
DE TOUTE FAÇON, ÇA VIENT DE KAIBA... ÇA DOIT ÊTRE BIEN VICIEUX !
DEATH T-3
ON Y VA !
!!
C'EST... MAIS...?!

UNE CHAMBRE TOUTE BLANCHE !!!
Y A RiEN !
DONG
DEATH T-3
LA POR-TE !!
VOiLÀ, C'EST DÉCiDÉ !!
ET QUOi ?!
FAUT CHERCHER LA SORTiE !
iL FAUT iNSPECTER LE MOiNDRE RECOiN !
iL DOiT BiEN EXiSTER UN TRUC ?!
LES MURS...
LE PLAN-CHER ...
Y A ABSO-LUMENT RiEN !!

LE PLAFOND EST TRÈS HAUT !
IL Y FAIT TROP SOMBRE POUR VOIR CE QU'IL Y A... PEUT-ÊTRE UNE SORTIE ?
IL Y A UN TROU LÀ-HAUT !
OUAIS, MAIS IL Y A PLUS DE 10 M !
IL FAUT QUAND MÊME PAS SE HISSER JUS-QU'EN HAUT ?!!
TOUT À FAIT IMPOS-SIBLE !
AH !
MERDE !
OUAIS, MAIS DU COUP ON EST COINCÉS !
...
J'ES-PÈRE QUE NON...
C'EST PEUT-ÊTRE UNE IMPASSE...
KAIBA SE JOUE DE NOUS...
YUGI, TOUT N'EST PAS PERDU !
...!
HUM...
ON N'A PAS D'AUTRE CHOIX QUE D'ATTENDRE...

JORGIE DORT DEPUIS TOUT À L'HEURE ...
L'ÉPREUVE EST RUDE POUR UN GAMIN...
ZRON ZRON
ÇA FAIT UN MOMENT QU'ON EST LÀ ET IL NE SE PASSE RIEN...
...
C'EST PAS VRAI ...?
ÇA SERAIT LA FIN...?
PAPY...
MES AMIS...

PARDONNEZ-MOI, TOUS !! TOUT EST DE MA FAUTE !!
SANS MOI, VOUS NE SERIEZ PAS ICI !
UHM
QU'EST-CE QUI TE PREND ?
JÔNO ! DU CALME !
RÉPÈTE ENCORE POUR VOIR !
YÛGI ...!
GRAP
...!
JÔ...
YÛGI...
ARRÊTE DE DIRE DES CONNERIES !
TU SAIS POURQUOI ON EST ICI AVEC TOI ?!
ON EST LÀ PARCE QU'ON EST DES AMIS !!

!!
EN TOUT CAS...
... NE L'AGRIPPE PAS COMME ÇA...
ÇA RAPPELLE NOTRE PÉRIODE VOYOU !
OUAIS...
ON ÉTAIT BIEN GRAVES ...
HON-DA !
C'EST VRAI QU'ON A FAIT PAS MAL DE CONNERIES ENSEMBLE.
UNE SOCIÉTÉ DE MERDE...
DES PARENTS QUI CRAI-GNENT...
ET NOUS ON ZONAIT...
JE CROIS QUE JE NE ME SUPPORTAIS PAS MOI-MÊME...
YUGI...
JUSQU'À NOTRE RENCON-TRE !
HEIN ?
NAÏF COM-ME UN GAMIN ...
AU DÉBUT, ÇA M'A ÉNERVÉ !
TROP GENTIL MÊME ...
JE TE CROYAIS VRAI-MENT CON...

MAIS... J'ÉTAIS PAS ÉNERVÉ CONTRE TOI...
J'EN AVAIS APRÈS MOI...
JE VOIS CE QUE TU VEUX DIRE...
JE COMPRENDS.
QUAND ÇA ALLAIT MAL DANS LA TÊTE...
J'AURAIS PRIS LE PREMIER VENU... MÊME UN POTEAU S'IL LE FALLAIT, MAIS JE DEVAIS ME DÉFOULER...
J'AVAIS BESOIN DE CHERCHER LA BASTON...
BESOIN DE DÉTRUIRE... ME DÉFOULER...
EN FAIT, CE BESOIN DE DESTRUCTION...
... ÉTAIT TOURNÉ CONTRE MOI-MÊME.
!
YUGI...
JE T'AI MÊME PIQUÉ TON PUZZLE...
...
POUR TE LE RENDRE, J'AI DÛ FAIRE PREUVE D'UN COURAGE QUE JE N'AVAIS JAMAIS CONNU...
...!
MAIS À CE MOMENT-LÀ...
... J'AI COMMENCÉ À POUVOIR ME REGARDER DANS UNE GLACE...
C'ÉTAIT LA PREMIÈRE FOIS...

YUGI !
AGRIP
UN POTE, ON L'AIME !!!
C'EST COMME ÇA QU'ON PEUT S'AIMER SOI-MÊME !
C'EST POUR ÇA QUE JE VEUX QU'ON SOIT ENSEMBLE !!!
SI TU AS DU MAL EN TOI !
TU DOIS ME LE REFILER !
C'EST ÇA, LES POTES !!
JÔNO-UCHI...

MOI, JE NE PERDRAI JAMAIS ESPOIR...
TOI NON PLUS, TU NE DOIS PAS CAPITULER !
T'ES D'ACCORD ?
HUM... OUI...
ON NE PEUT PAS S'AIMER SI ON RESTE SEUL...
TOUTE NOTRE VIE EST BASÉE SUR ÇA, C'EST COMME UN JEU...
REGARDE CETTE PIÈCE !
ON DIRAIT UN CAMPUS !!
QUAND JE VAIS AVEC DES AMIS DANS UN ENDROIT OÙ ON S'AMUSE BIEN, JE MARQUE MON NOM !
Y EN A QUI FONT ÇA ?!
HI HI
STYLO MAGIQUE !!
MON-TREZ-MOI VOS MAINS !!!
...?!
POUR QUOI FAIRE ?
ALLEZ, ON SE DÉPÊ-CHE !

PEACE !!
C'EST QUOI ?!
APRÈS L'ÉCOLE, QUAND ON SERA TOUS SÉPARÉS, SI UN JOUR ON SE RETROUVE SEULS...
... IL FAUDRA SE SOUVENIR DE CE CERCLE !
LE SOUVENIR QU'UN JOUR, ON S'EST TOUS RETROUVÉS ICI !
QUAND JE PARTIRAI POUR NEW YORK, JE M'EN SOUVIENDRAI !
...!
OUAIS !
CE CERCLE S'EFFACERA RAPIDEMENT, MAIS...
... IL RESTERA LONGTEMPS MARQUÉ DANS NOS CŒURS !
OUAIS !
OUI !

GROOO
!
!!
ATTENTION !
BOUM
MAIS ...?
ZRON ZRON
UN ENORME BLOC QUI TOMBE DU PLAFOND ?
UN JEU !
C'EST LE JEU DU DEATH-T 3 !!
GROOOO
FAITES BIEN ATTEN-TION !
IL EN TOMBE D'AU-TRES !

URPS ...!
!!
BOUM
COMBIEN VONT RÉUSSIR À SORTIR SANS SE FAIRE ÉCRASER...?
BOUM
KRU KRU ...
J'ARRIVE PAS À DEVINER OÙ VA TOMBER LE SUIVANT !
ON N'A PAS LE CHOIX ! ON JOUE L'ESQUIVE !!
BOUM
C'EST BEAU DE VOUS VOIR PANIQUER !!
PAS LE TEMPS DE PENSER AUX AUTRES !
ILS DEVRONT BIEN EN SACRIFIER UN POUR SE SORTIR DE LÀ !

C'EST LE "TÉTRIS DE LA MORT" !
ON N'A PLUS DE QUOI SE CACHER !
BOUM
iL FAUT TOUS MONTER SUR LE BLOC !
C'EST LE JEU DE L'ÉVASION !
iL FAUT QUE LES BLOCS S'ACCUMULENT ET MONTER DESSUS POUR ATTEINDRE LA SORTIE !!
BOM
ÉVITEZ DE RESTER DANS LES ANGLES !
Si ON SE LAiSSE ENCERCLER PAR LES BLOCS, C'EST FOUTU !
BOM
UPS ...!
MERDE ! Si ÇA CONTiNUE, ON VA FiNiR PAR SE FAiRE ÉCRASER !
Y A PAS UN TRUC POUR SE TiRER DE LÀ ?!

AT-TRAPE !!
RIEN NE PEUT RÉVEILLER CE GAMIN ?!
ZRON ZRON
HÉ ! LANCE-MOI JORGIE !
ZRON ZRON
ATTEN-DEZ !!
LES BLOCS TOMBENT EN RYTHME !
IL Y A PEUT-ÊTRE UN ORDRE PRÉCIS ?
!
ANZU EST UNE DAN-SEUSE !!
ELLE SAIT DÉCRYPTER LES RYTHMES !!
PAM PAM
PAM...
BOUM
BOM
ELLE A DEVINÉ LE POINT DE CHUTE !
GÉANT !!
LÀ-BAS !!

IL Y A UN RYTHME DANS LA CHUTE DES BLOCS ! SI ON RAISONNE EN PAS DE DANSE...
LA MACHINE EST PERFECTIONNÉE MAIS LA PROGRAMMATION A ÉTÉ BÂCLÉE !!
IL EST IMPOSSIBLE DE FAIRE UN PROGRAMME COMPLEXE AVEC DES BLOCS DE CETTE TAILLE !
... C'EST UNE DANSE TRÈS BASIQUE !!
IL VA FALLOIR ESQUISSER DES PETITS PAS JUSQU'À LA SORTIE !!
SI ON SAIT OÙ ILS TOMBENT, C'EST BIEN PLUS FACILE !
COURAGE TOUT LE MONDE !
ON EST PRESQUE SORTIS !
YUGI, DÉPÊCHE-TOI !
!!
HEIN ?
LE RYTHME A CHANGÉ ?!
HONDA ! ATTENTION !
!!
BOM

HONDA, T'ES PAS BLESSÉ ?!
C'ÉTAIT LIMITE !
FHH...
ATTEN-TION, LE RYTHME S'ACCÉ-LÈRE !
ON VA SE MAGNER !
...!
ANZU ET MOI, ON EST SORTIS !
YÛGI, HONDA !! COURA-GE !
YÛGI ! PASSE-MOI TA MAIN ! VITE !
HONDA, VAS-Y D'ABORD !
T'OCCUPE ! LA SORTIE VA SE BOUCHER... VITE !
AGRIP
JÔNO, ATTRAPE YÛGI !
OUAIS !

PROJECT START !! FIN

Supplément !

LE JEU DE YÛGI !!

(Nombre de joueurs) De 1 à 5 joueurs
(Outils nécessaires) Un dé et des pions
(Règles du jeu) Le joueur lance le dé et fait comme suit !!

☆ ⚀ Le joueur avance de deux cases au maximum dans la direction qu'il choisit (même d'une seule case s'il le veut).

☆ ⚁ ⚂ ⚃ ⚄ On doit avancer d'une seule case comme le montre le tableau ci-dessous

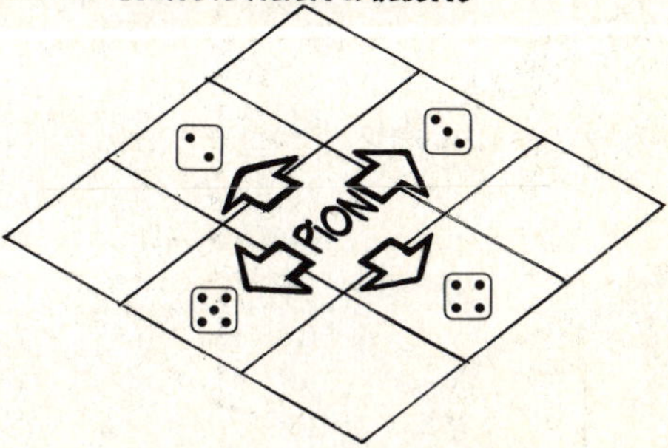

☆ ⚅ On peut avancer de deux cases maximum, excepté en diagonale !

Plan numéro 1

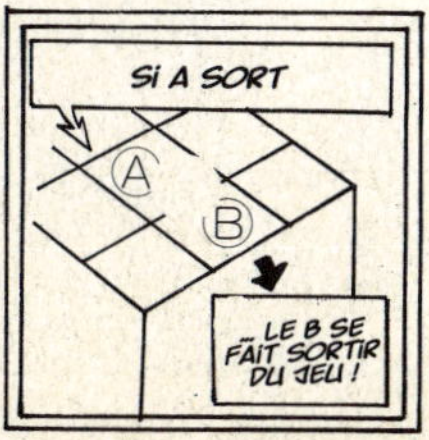

- Sur le jeu, il y a des blocs qui empêchent de passer,
- Si le pion tombe du terrain, il retourne à la case départ !!
- Quand on joue seul, la partie est terminée !!

LE PREMIER QUI ARRIVE AU BUT A GAGNÉ !!

WARP VERS C
WARP VERS A
START
WARP VERS B
WARP VERS A
WARP VERS C
WARP VERS D
WARP VERS F

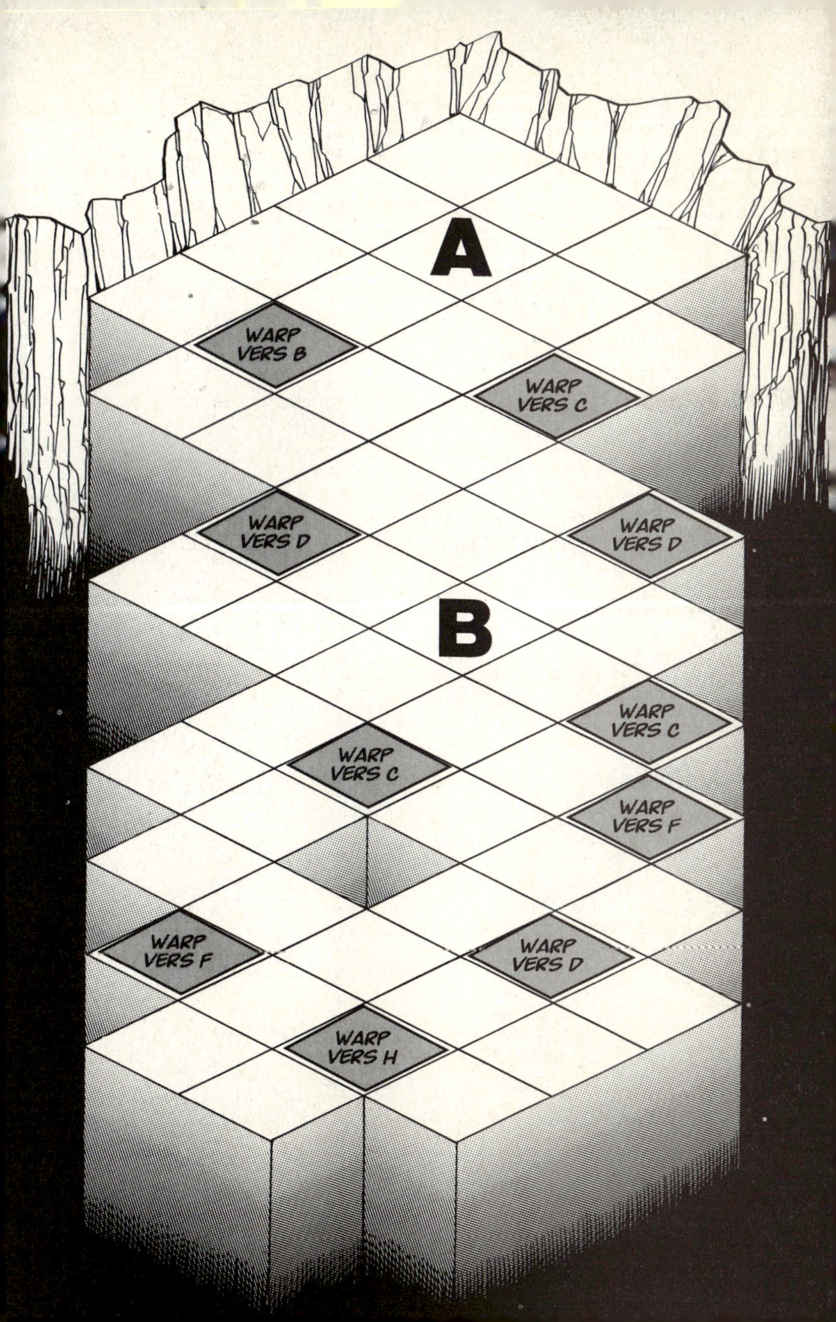
A
WARP VERS B
WARP VERS C
WARP VERS D
WARP VERS D
B
WARP VERS C
WARP VERS C
WARP VERS F
WARP VERS F
WARP VERS D
WARP VERS H

LES 1 ET 3 SE FONT BOUFFER PAR LE MONSTRE. GAME OVER !
C
WARP VERS F
WARP VERS H
WARP VERS E
WARP VERS B
WARP VERS H
WARP VERS C
WARP VERS F
D
WARP VERS G
WARP VERS E

WARP
VERS H
WARP
VERS G
WARP
VERS G
WARP
VERS H
F
WARP
VERS D
WARP
VERS G
WARP
VERS H
E